新时期乡村户外体育旅游开发研究

王 友 著

西北工业大学出版社

西 安

图书在版编目(CIP)数据

新时期乡村户外体育旅游开发研究 / 王友著. — 西安：西北工业大学出版社，2021.12
ISBN 978-7-5612-8041-6

Ⅰ.①新… Ⅱ.①王… Ⅲ.①休闲体育-产业发展-研究 Ⅳ.①G811.4

中国版本图书馆 CIP 数据核字(2021)第 236908 号

XINSHIQI XIANGCUN HUWAI TIYU LÜYOU KAIFA YANJIU
新 时 期 乡 村 户 外 体 育 旅 游 开 发 研 究

责任编辑：万灵芝　陈松涛	策划编辑：张　晖
责任校对：李　欣	装帧设计：董晓伟

出版发行：西北工业大学出版社
通信地址：西安市友谊西路 127 号　　邮编:710072
电　　话：(029)88491757，88493844
网　　址：www.nwpup.com
印 刷 者：西安五星印刷有限公司
开　　本：710 mm×1 000 mm　　1/16
印　　张：11.5
字　　数：225 千字
版　　次：2021 年 12 月第 1 版　　2021 年 12 月第 1 次印刷
定　　价：58.00 元

如有印装问题请与出版社联系调换

前言

现代社会,人们极力倡导生态文明,在此背景下乡村户外体育旅游也备受各界关注。乡村户外体育旅游作为生态文明的重要组成部分,在促进我国体育旅游产业的健康稳定发展方面起着不容忽视的重要作用。乡村振兴进程的加快,给乡村户外体育旅游提供了良好的发展契机。在乡村户外体育旅游的发展过程中,要重视乡村体育旅游资源的合理利用,明确乡村户外体育旅游的发展方向。

随着我国社会经济发展,大众生活水平提高和闲暇时间增多,乡村户外体育旅游正进入寻常百姓家,成为大众休闲生活的一项重要内容。由于存在着巨大的市场需求,近几年来,我国乡村户外体育旅游业发展迅速,社会经济效益日益显现。面对乡村户外体育旅游良好的发展前景,笔者开始关注乡村户外体育旅游的开发与发展,并选择了"新时期乡村户外体育旅游开发研究"作为研究主题。笔者在研究过程中多次深入广大乡镇,就乡村户外体育旅游的开发情况进行实地考察调研。本书通过引用文献资料、专家访谈内容,采用比较归纳和逻辑分析的方法,对乡村户外体育旅游的概念、开发现状和营销等进行了归纳与概括,提出了乡村户外体育旅游的开发途径与管理办法。希望通过本书的出版,能够为相关体育部门制定体育法规政策提供理论参考,进而促进乡村户外体育旅游的和谐发展。

本书共十章,对新时期乡村户外体育旅游开发进行了讨论。第一章从乡村户外体育旅游开发的理论基础讲起,主要有体验经济理论、可持续发展理论、利益相关者理论以及旅游地生命周期理论;第二章展开关于乡村户外体育旅游活动必备要素的研究,具体包括乡村户外旅游资源评价与开发,乡村户外体育旅游活动与社会,乡村户外体育旅游者相关研究等内容;第三章是第二章的进一步深化,是关于乡村户外体育旅游开发的效应分析,从乡村户外体育旅游开发的经济与社会文化效应,延伸到正确对待乡村户外体育旅游开发对经济与社会文化发展的双重效应;第四章到第六章分别对乡村休闲运动体育旅游产品开发、乡村极限运动体育旅游产品开发、乡村特色运动体育旅游产品开发等内容进行了相关研究;第七章是乡村户外体育旅游项目营销推广,从乡村户外体育旅游营销战略入手,进行相关分析与研究;第八章是户外体育项目融入农家乐旅游,从户外体育项目融入农家乐旅游的关联性、必要性以及可行性入手,提出户外体育项目融入农家乐旅游的相关内容;第九章是乡村户外体育旅游与生态文明建设,详细阐述了生态文明背景下乡村户外体育旅游文化与乡村户外体育旅游产业的发展;最后是本书的第十章,在这一章,着重讲述了乡村户外体育旅游发展对策与保障,并以此作为本书总结。

  乡村户外体育旅游开发研究不仅为体育本身发展提供了诸多有利因素,而且有助于新农村建设。乡村户外体育旅游观的融入也必将促进我国乡村体育的开展。这也是撰写本书最为重要的目的。

  本书既注重实用性、实效性,又注重系统性、理论性,内容生动,形式新颖。在写作本书过程中参阅了相关文献与资料,在此谨向其作者表示衷心的感谢!

  由于水平所限,书中不足之处在所难免,敬请广大读者批评指正。

著　者
2021 年 3 月

目 录

第一章 乡村户外体育旅游开发的理论基础 ⋯⋯⋯⋯⋯⋯⋯⋯⋯⋯⋯ 1
  第一节 体验经济理论 ⋯⋯⋯⋯⋯⋯⋯⋯⋯⋯⋯⋯⋯⋯⋯⋯⋯ 1
  第二节 可持续发展理论 ⋯⋯⋯⋯⋯⋯⋯⋯⋯⋯⋯⋯⋯⋯⋯⋯ 10
  第三节 利益相关者理论 ⋯⋯⋯⋯⋯⋯⋯⋯⋯⋯⋯⋯⋯⋯⋯⋯ 15
  第四节 旅游地生命周期理论 ⋯⋯⋯⋯⋯⋯⋯⋯⋯⋯⋯⋯⋯⋯ 20

第二章 乡村户外体育旅游活动必备要素 ⋯⋯⋯⋯⋯⋯⋯⋯⋯⋯⋯ 26
  第一节 乡村户外体育旅游资源评价与开发 ⋯⋯⋯⋯⋯⋯⋯⋯ 26
  第二节 乡村户外体育旅游活动与社会 ⋯⋯⋯⋯⋯⋯⋯⋯⋯⋯ 42
  第三节 乡村户外体育旅游者相关研究 ⋯⋯⋯⋯⋯⋯⋯⋯⋯⋯ 46
  第四节 乡村户外体育旅游策划及管理 ⋯⋯⋯⋯⋯⋯⋯⋯⋯⋯ 51
  第五节 乡村户外体育旅游经营单位的内外环境 ⋯⋯⋯⋯⋯⋯ 53

第三章 乡村户外体育旅游开发的效应分析 ⋯⋯⋯⋯⋯⋯⋯⋯⋯⋯ 59
  第一节 乡村户外体育旅游开发的经济效应 ⋯⋯⋯⋯⋯⋯⋯⋯ 59
  第二节 乡村户外体育旅游开发的社会文化效应 ⋯⋯⋯⋯⋯⋯ 63
  第三节 正确对待乡村户外体育旅游开发对经济与社会文化
        发展的双重效应 ⋯⋯⋯⋯⋯⋯⋯⋯⋯⋯⋯⋯⋯⋯⋯⋯ 66

第四章 乡村休闲运动体育旅游产品开发 ⋯⋯⋯⋯⋯⋯⋯⋯⋯⋯⋯ 69
  第一节 定向越野运动开发设计 ⋯⋯⋯⋯⋯⋯⋯⋯⋯⋯⋯⋯ 69
  第二节 乡村高尔夫运动开发设计 ⋯⋯⋯⋯⋯⋯⋯⋯⋯⋯⋯ 77
  第三节 乡村水上球类运动与休闲自行车运动开发设计 ⋯⋯⋯ 81

第五章 乡村极限运动体育旅游产品开发 ⋯⋯⋯⋯⋯⋯⋯⋯⋯⋯⋯ 83
  第一节 蹦极运动开发设计 ⋯⋯⋯⋯⋯⋯⋯⋯⋯⋯⋯⋯⋯⋯ 83
  第二节 攀岩运动开发设计 ⋯⋯⋯⋯⋯⋯⋯⋯⋯⋯⋯⋯⋯⋯ 84
  第三节 热气球定点飘运动开发设计 ⋯⋯⋯⋯⋯⋯⋯⋯⋯⋯ 88

第四节　动力伞运动开发设计……………………………………88
　　第五节　轮滑运动开发设计………………………………………93
第六章　乡村特色运动体育旅游产品开发……………………………96
　　第一节　赛马与垂钓开发设计……………………………………96
　　第二节　滑索运动开发设计………………………………………102
　　第三节　毽球运动开发设计………………………………………103
第七章　乡村户外体育旅游项目营销推广……………………………107
　　第一节　乡村户外体育旅游项目营销战略与营销组合…………107
　　第二节　乡村户外体育旅游常用营销策略………………………111
第八章　户外体育项目融入农家乐旅游………………………………116
　　第一节　户外体育项目融入农家乐旅游的关联性………………116
　　第二节　户外体育项目融入农家乐旅游的必要性………………120
　　第三节　户外体育项目融入农家乐旅游的可行性………………123
　　第四节　户外体育项目融入农家乐旅游的问题及对策…………124
　　第五节　户外体育项目融入农家乐旅游的原则与思路…………128
第九章　乡村户外体育旅游与生态文明建设…………………………133
　　第一节　生态文明背景下乡村户外体育旅游文化发展…………133
　　第二节　生态文明背景下乡村户外体育旅游产业发展…………142
第十章　乡村户外体育旅游发展对策与保障…………………………165
　　第一节　乡村户外体育旅游发展的对策…………………………165
　　第二节　乡村户外体育旅游发展的保障措施……………………170
参考文献…………………………………………………………………176

第一章 乡村户外体育旅游开发的理论基础

第一节 体验经济理论

体验经济被称为继农业经济、工业经济和服务经济阶段之后的第四个人类的经济生活发展阶段,也被看作是服务经济的延伸。旅游业、商业、服务业、餐饮业、娱乐业(影视、主题公园)等各行业都进入了体验经济阶段。

一、体验经济概述

(一)体验经济的内涵

体验通常被看成服务的一部分,但实际上,体验是一种经济物品,像服务、货物一样是实实在在的产品,不是虚无缥缈的感觉。所谓体验,就是企业以服务为舞台,以商品为道具,环绕着消费者,创造出值得消费者回忆的活动。其中的商品是有形的,服务是无形的,而创造出的体验是令人难忘的。与过去不同的是,商品、服务对消费者来说是外在的,但是体验是内在的,存在于个人心中,是个人在形体、情绪、知识上参与的所得。没有两个人的体验是完全一样的,因为体验来自个人与事件的互动。体验经济的核心是主题体验设计,而成功的主题体验设计必然能够有效地促进体验经济的发展。在体验经济中,"工作就是剧院"和"每一个企业都是一个舞台"的设计理念已在发达国家企业经营活动中被广泛应用。

(二)体验经济的特征

第一,非生产性。体验是一个人情绪、体力、精神达到某一特定水平时,意识中产生的一种感觉。它本身不是一种经济产出,不能完全以清点的方式来量化,因而也不能像其他工作那样创造出可以触摸的物品。

第二,短周期性。一般情况下,农业经济的生产周期最长,一般以年为单位;工业经济的周期以月为单位;服务经济的周期以天为单位。而体验经济是以小时,甚至以分钟为单位。

第三，互动性。农业经济、工业经济是卖方经济，它们所有的经济产出都停留在顾客之外，不与顾客发生关系。服务经济已经注意到顾客参与的重要性，而体验经济则更注重与顾客的互动，因为任何一种体验都是某个人身心体智状态与所筹划事件之间的互动作用的结果，顾客必需全程参与其中。

第四，不可替代性。体验经济的产出物"体验"的需求要素是突出感受，这种感受是个性化的，在人与人之间以及体验与体验之间有着本质的区别，因为没有哪两个人能够得到完全相同的体验经历。

第五，映像性。任何一次体验都会给体验者留下难忘的回忆：一次航海远行、一次极地探险、一次峡谷漂流、一次乘筏冲浪、一次高空蹦极……而且，体验者对体验的回忆超越每一次体验本身。

第六，高增值性。体验经济是一种价值增值的过程。成本不过几元钱的咖啡，在气氛温馨的咖啡屋，伴随着古典轻柔的音乐和服务人员的亲切笑容，价格可能达到数十元，顾客也认为物有所值。体验的营造过程，也是价值增值的过程。

第七，非免费性。在成熟的体验经济中，产品的价格不仅仅与实物商品的价值相联系，消费者还将为体验而付费。产品设计者围绕着引人入胜的主题，设计独特的体验，让消费者觉得值得为此付费。

二、体验经济与乡村户外体育旅游产业发展

旅游需要休闲的状态，旅游需要自由的感受，旅游需要艺术的想象，旅游需要审美的情趣。真正的旅游者不应该是浮光掠影、走马观花、直奔目的地的匆匆过客，而应该是玩物适情、品味全过程的体验者。这就需要我们在旅游景观的营造、旅游服务的提供等各方面充分地考虑人的休闲、审美与体验的需求。

现代社会，越来越多的消费者渴望得到体验，愈来愈多的企业精心设计、销售体验。在体验经济中，企业不再仅仅是销售商品或服务，它提供最终体验，给顾客留下难以忘却的愉悦记忆。从这个角度来说，在体验经济时代，顾客每一次购买的产品或服务在本质上不再仅仅是实实在在的商品或服务，而是一种感觉，是一种情绪上甚至精神上的体验。旅游作为人们求新、求异、求奇、求美、求知的一种重要途径，本身就是一种体验经济。

乡村户外体育旅游是体育与旅游的结合，能够实现体育资源和旅游资源的优势互补。在形式上它是一项旅游活动，而其主要内容则是体育运动。在体验经济时代，作为最直接的体验方式，运动因其在健身、娱乐、休闲、刺激、参与性等方面的独特魅力而广受欢迎。21世纪无疑是体验经济的时代，乡村户外体育旅游行业因其体验的本质而成为体验经济的重要组成部分。游客更希望通过乡村

户外体育旅游来获得一次难忘的经历,充满刺激的乡村户外体育旅游活动将有广阔的发展前景。

三、旅游体验及其分类

大约从20世纪60年代开始,体验经济受到旅游业关注,后来逐渐变成学术界和旅游管理机构研究的重点领域之一。学者们将旅游的本质视为一种体验活动,是旅游者离开常住地去异地获得的经历和感受,它既包括旅游者运用原有知识对客观事物进行分析和观察所获得的心灵共鸣及愉悦的感觉,也包括他们通过直接参与活动而得到的舒畅感,同时旅游者在旅行中通过接触陌生事物而进行学习的过程也是一种体验。

(一)旅游体验的内涵

旅游体验是旅游个体通过与外部世界取得联系从而改变其心理水平并调整其心理结构的过程,这个过程是旅游者心理和旅游对象相互作用的结果,是旅游者以追求旅游愉悦为目标的综合性体验。作为体验的一个分支,或者说是体验的一种特殊类型,旅游体验过程可以表达为"旅游环境刺激→旅游者对信息的加工融合→旅游体验形成"。

从性质上看,旅游体验类似于一种"镜像体验",即通过目的地这面镜子,旅游者在凝视"他者"的同时,也在认识着自我。

从结构上看,旅游体验具有多重层次结构:其一,从时间结构上看,旅游体验包括预期体验、现场体验和追忆体验,呈现出阶段性特征,并随时间的流逝而不断地升华,进而演化成人们生活经验和精神世界的一部分;其二,从深度结构上看,旅游体验具有一定的层次性,基本上可分为感官体验、身体体验、情感体验、精神体验和心灵体验五个层次,越是深度的旅游体验,越能让游客感到旅游的意义;其三,从强度结构上看,旅游体验通常可分解为一般性体验和高峰性体验两个层面,越是能达到高峰性的体验,越能使游客感到旅游的价值。

体验经济是服务经济进一步深化的结果,是通过创造个性化生活及商业体验而获得利润。体验经济的到来,意味着人类的生产及消费行为都发生了变化。随着旅游业的发展日趋成熟,旅游者需求也逐步在发生变化。旅游者由缺乏旅游经验,使用标准化旅游产品,发展到逐步对大众旅游产品感到厌倦,更注重个性化的服务,追求灵活性、挑战性和多种选择等。反映在旅游产品的需求上,过去单一的观光、娱乐旅游产品对旅游者的吸引力日渐减弱,而休闲化、个性化和参与性强的旅游产品则受到青睐。游客在出游行为上表现为:更愿意选择自由行而非组团出行;选择个性化定制的旅游产品而非标准化产品;从跟随他人去名胜古迹到自己发现旅游胜地;从"走马观花"式的巡游到"下马观花"式的游览;从旁观到参与;从只重视"到此一游"的结果到同时重视结果与过程;从被组织和被安排到自己组织和自己安排。

体验式营销、体验式消费将继续发展,在温饱已经不再是问题的年代,人们购买的不再只是商品本身,更看重的是商品附加的象征意义。当旅游活动结束时,虽然游客带不走旅游资源,但对过程的体验记忆将长久保存,人们愿为这种体验付费,因为它美好、难得、不可复制、不可转让、转瞬即逝,它的每一瞬间都是独特的。

(二)旅游体验的类型

1. 娱乐

体验经济时代,娱乐是生活的主流之一。2015年后,世界主要国家开始逐步进入休闲时代,休闲产业在国内生产总值中占据大量份额,新技术可以让人们把更多的时间用于休闲。生活中新的娱乐方式不断涌现,游客通过不同的娱乐方式使自身得到放松,忘却苦恼,追求快乐还成为自我实现的价值泛化。

按照游客对娱乐活动的参与程度差异,可将娱乐体验分为三种:观赏型娱乐、参与型娱乐和介于二者之间的观赏参与型娱乐。

观赏型娱乐是指游客主要通过静态观赏的方式,以精神参与的形式来进行娱乐活动,如观看电影、戏剧表演等;参与型娱乐是指游客主要通过动态的方式,以身体参与的形式来进行娱乐活动,如攀岩、漂流、冲浪等;观赏参与型娱乐是指游客通过静态与动态结合的方式,同时运用精神和身体来进行娱乐活动,如观赏动物的同时进行喂养、拍照或与动物互动等。

2. 教育

我国古代以李白、杜甫为代表的士人漫游,也是将教育和旅游结合的体现。教育和旅游起着相互促进的作用,游客能在旅行的过程中获得知识,教育程度的提升又可提高人们出游的意愿。

按照游客的旅游目的,可将其教育体验分为两类:一类是主观的教育体验,一类是客观的教育体验。主观的教育体验是指游客以教育为主要目的,通过参加旅游活动,以满足自己的求知欲,如修学旅游、体验式游学、红色旅游等;客观的教育体验是指游客的主要目的并非教育,但在旅游过程中无意识地获得了知识。从广义上来说,任何形式的旅游都可以扩展游客的知识面,游客不仅可以通过旅游资源,还可以通过出游接触到不同类型的人增长见识。

3.逃避现实

在分工细化、操作重复、生活节奏快、工作压力大的现代社会,人们面临生理健康和心理健康的双重威胁。古典哲学家将因为社会异化导致人格畸形的人形容为"单面人",人们为了摆脱繁重的工作、复杂的人际关系,往往会将旅游作为一种自我调节或暂时逃避的手段。

按照游客逃避的原因,可将逃避的体验分为四类:逃避城市环境、逃避日常生活、摆脱工作压力和逃避复杂的人际关系。

逃避城市环境是指人们逃避在城市中因人口密集、交通拥堵、环境污染、资源短缺等因素而导致的压力,现代科学技术造就的钢筋混凝土的城市让人有种冷冰冰、硬邦邦的感觉,缺乏亲切感。

逃避日常生活是指人们逃避日复一日的单调生活,如学生的"三点一线"(食堂、教室、宿舍),选择一处远离自己日常生活的地方,寻求新鲜感。

摆脱工作压力则是因为竞争激烈的工作导致人的精神紧张和自信心受挫,希望通过旅游活动来舒缓压力、恢复信心。

逃避复杂的人际关系则是因为"人际关系的稀薄化"而导致人情冷漠的"邻居心态"和"假面人"。通过旅游活动,人们可以结交无利害关系的新朋友,或沉浸在自己的世界,或去农村享受田园式的淳朴人际关系。

4.审美

旅游是一项集自然美、艺术美和生活美之大成的综合性审美实践活动。随着物质生活的丰富,个人的可支配收入与闲暇时间的增加,大众对旅游审美的需求不断增强。通过审美活动,游客可以净化心灵和调节心理环境,改善生活品质,促进人的全面发展。

四、乡村户外体育旅游体验的塑造

心理学认为,人从外界获取知识的过程是通过感觉、知觉、记忆、思维、想象、学习等环节进行的,合称认知。学界根据消费者的认知过程指出,要站在消费者感觉、情感、思维、行动、关联五个方面,重新定义、设计营销方式。为了使游客获得最佳的乡村户外体育旅游体验,应在充分了解顾客的基础上,推出满足游客内在和外在诉求的产品和服务。

(一)乡村户外体育旅游体验塑造的原则

1.真实性原则

真实性在塑造乡村户外体育旅游体验方面非常重要,真实的场景和人物有助游客形成高质量的体验。目前对真实的观点主要有客观性真实、建构主义真实和存在性真实三种。

客观性真实的观点是强调原汁原味,即对事物原型的体验,例如对真实存在的山、水旅游资源的体验。

建构主义真实的观点认为旅游目的物的真实性仅是象征意义上的真实性,与"建构主义真实"对应的是旅游目的地形象的模式化。对于旅游目的地来说,应该认真研究游客心目中的"真实性",而不是自身或当地居民理解的"真实性"。

存在性真实的观点认为游客主要是通过旅游活动来寻求真实的自我,感受被激活的生命存在状态。这种体验强调的是"在场"和"参与",如野营、登山等活动,游客更注重的是自己的主动参与,而不太在意旅游资源是否真实。

2. 差异性原则

乡村户外体育旅游项目建设中应该设法向游客提供具有独特性的产品(包括产品、服务和景区形象等),并且同竞争对手区别开来,力争做到"人无我有,人有我新"。

景区塑造差异化的手段包括:景区实体产品、景区布局、餐饮、服饰等方面的差异;景区主题文化、服务流程、个性关怀方面的无形差异;目标市场定位的差异,准确定位顾客群能有效避免竞争;促销策略的差异,了解游客内在的真实需要,采取合适的促销方式能给游客强烈有效的刺激。

实行差异化最主要的问题是差异化的持久性,这往往取决于顾客的价值观和竞争对手的模仿程度。

3. 文化性原则

文化是引导游客参与活动并进行相关消费的深层次因素,自觉或不自觉地影响着游客的行为。乡村户外体育旅游景区要高度重视文化建设,充分挖掘文化内涵。在塑造旅游体验时,可以从中国传统文化、本地的地域文化(如风俗、传说、典故、饮食等)方面发掘,同时借鉴外来文化,再辅以景区自己营造的企业文化,打造一套富有特色的乡村户外体育旅游文化体系。

4. 参与性原则

没有参与,就难以形成高质量的旅游体验,产品设计应考虑游客的参与性。在体验经济时代,游客不但是消费者,同时也是生产者。景区要为游客提供一个自我施展的舞台,使他们更好地置身其中,通过参与各种项目,获得个人的成就感和更精彩的旅游体验。适度的挑战性活动能使旅游者忘却自我,全身心地参与到项目中。

(二)乡村户外体育旅游体验塑造的方法

1. 感官刺激

旅游认知过程总是从较为低级的感觉、知觉开始,平淡无奇的事物很难引起游客的关注。乡村户外体育旅游景区应充分调动人们的感官,有效刺激游客的视觉、听觉、嗅觉、味觉、触觉等,强化游客的体验。

(1)视觉。在人类的所有感觉中,视觉无疑是最重要的,80%以上的外界信息经视觉获得。乡村户外体育旅游活动也是从视觉活动开始,乡村户外体育旅游景区景点的开发与设计首先必须从视觉角度出发。景区在视觉上要给游客以赏心悦目、新奇、震撼等体验,在总体布局和局部精耕上都要注重视觉冲击感。这需要景区精心设计景观的组合搭配、陈列设计、艺术效果以及注重色彩的巧妙运用。色彩对于视觉极为重要。景区也应充分利用色彩对游客的调动作用,如根据各游览区的主题和色彩配以相应颜色的鲜花,游客一进入就为色彩缤纷的鲜花所吸引;少数民族多彩的服饰、建筑物的色彩主题、五彩斑斓的花海都能给游客留下深刻的印象。需要留意的是,色彩会涉及文化和个体价值观差异的因素。

(2)听觉。一般认为,在人类各种感觉中,听觉的重要性仅次于视觉。人们常说"有声有色",听觉可以让游客感受到街市和自然的声音。风声、雨声、蝉鸣、鸟叫、蛙声等能让人有种回到自然怀抱的感觉,而山歌、方言、音乐等则会让游客领略到人文之美。对于来自城市的游客而言,很少能感受到自然的听觉美,就这点来说,景区听觉美的重要性并不亚于视觉美。

国外乡村户外体育旅游景区往往将声音视为塑造氛围的重要手段,如法国霞慕尼小镇在经营过程中,将鸡鸭叫声、叮当作响的有轨电车、噼啪作响的火堆、嘎吱作响的车辆、铜管乐队视为勾起人们怀旧情绪的手段。在我国的景区中,广东省韶关市始兴县则是成功的典范,它将鼓声、舞龙舞狮与自然很好地结合在一起。另外,"声音品牌化"已成为品牌推广的新手段,美国、日本、新加坡等国家都有"声品牌"和"味品牌",我国乡村户外体育旅游景区当借鉴国外的先进经验。

(3)嗅觉、味觉。嗅觉具有很强的适应性,但在对新环境的感知中,嗅觉是非常敏感的。好的气味能使人精神愉悦,轻松兴奋;难闻的气味则会让人沮丧,而且会使人联想到景区的卫生质量问题。厕所环境脏乱、气味难闻是我国乡村户外体育旅游业面临的一个难题,为此,我国着力推进景区厕所的建设和质量等级的评定。"气味营销"在景区中的应用有普及之势,如香水喷泉、香雾景观、香水瀑布、芳香走廊、芳香花园等。德国的巴登巴登城利用一些往昔的气味营造体育和乡村文化遗产式的气息,例如农场中的动物气味、体育器械的保养油气味等。

味觉可以满足我们品尝美食的需要,景区应充分利用我国烹饪大国的优势,将景区的餐饮变成吸引游客的重要手段;味觉还被认为是触发回忆、唤起怀旧情怀的有效方式。

(4)其他感觉。

触觉。通过手、足及身体其他部位皮肤的触摸,旅游者能将虚幻的感觉真实化,古典文学中常提及的扶栏、倚栏、拍栏杆等动作,就是种触摸体验。旅游景区中,一些雕像如石狮、铜牛等满足了游人触摸的欲望。

温度觉。旅游者对气候、温差的因素也很重视,"四季如春"是人们普遍的理想选择。一般来说,气温为 18℃~23℃,相对湿度为 65%~85% 的环境是宜人的。我国由于受大陆性季风气候的影响,大部分地区冬冷夏热,宜人气候分布的地区与季节均受到限制。室内温度可以控制,但对于乡村户外体育旅游景区来说,温度则很难控制。

痛觉。在一般情况下,痛觉引起的体验是负面的。但在一些特殊的旅游形式中,"以苦为乐"反而成为人们寻求挑战、追求刺激、拒绝生命委顿的一种动力。极限、探险旅游就属于此列,例如欧美乡村户外体育旅游者中有大量的寻求刺激者。对于乡村户外体育旅游景区来说,在最大程度上保障游客安全的同时,不妨巧妙运用痛觉在一些挑战性项目上。

动觉、平衡觉。动觉在旅游者的娱乐消遣活动中起着重要作用,许多户外体育运动都会产生动觉。动觉能提高游客的旅游热情,增强旅游体验。所以在设计乡村户外体育旅游产品时,要注意让游客"动起来",切忌只是静态观赏。平衡觉能提高人们的兴奋度,但在设计项目时要尽量避免运动晕眩感。

2.感官刺激的注意问题

(1)感觉的适应性。人的感觉只有在刺激刚发生时才是强烈的,之后会越来越弱。适应作用与刺激强度也有关,刺激越强烈,适应作用发生得越快。对乡村户外体育旅游景区而言,愉悦游客感官不是一劳永逸的事,只有不断地提高或改变,感官刺激才能持续存在。

(2)感觉阈限。每种感觉器官都有特定的感觉阈限,刺激太强或太弱都不能引起人的感觉。在设计乡村户外体育旅游产品时,既要考虑绝对阈限,也要考虑差别阈限。而在改变产品外观时,要注意差别阈限的计算。

(3)知觉心理特征。感知是认知的底层,它对感觉所获得的信息进行处理,由此引发知觉。而知觉具有选择性、整体性、相对性、组织性等特征,所以感官刺激在不同游客中引发的感知不尽相同,这和个人背景密切相关,如教育、智力、兴趣、期望、个性、需求、文化、社会阶层等。

(4)感官刺激的综合运用。在乡村户外体育旅游体验系统的设计过程中,要综合运用各种感官刺激,充分调动人们的五官,有效刺激游客的视觉、听觉、味觉、嗅觉和触觉。同时要注意,针对不同的消费者群体,在运用手段上也要有所变化。

3. 特色主题

主题是乡村户外体育旅游的灵魂,是乡村户外体育旅游一系列产品组合的核心。没有特色主题,游客就抓不住体验的主轴,只会给其留下散乱的印象。策划一个好的主题,需注意以下几个方面:

第一,主题宣传口号要简练易记且能精练概括景区的特征。像云南省盈江县的"滇西塔象城、花飘大盈江",既表达出要展示的历史内涵,又朗朗上口,同时也强调了优良的天然条件。

第二,深入挖掘当地文化内涵,开发别具一格的主题。如在我国的各个少数民族聚集区,有着大量的民族传统体育活动,如蒙古族的摔跤赛马、黎族的跳竹竿、藏族的射箭等,还有许多传统的节庆活动,因极具地方特色,受到旅游者的喜爱。因此景区要因地制宜进行文化挖掘,形成独有的文化品牌。

第三,产品整合。在主题的统率下,要严密地整合各项产品以加强主题印象。在布局方面,要注意景物的主题分区,塑造立体层次感;在风格上,要注意景物资源与主题的和谐搭配;在游览路线的设计上,要让游客有"畅"的感觉;在产品开发方面,要注重高科技和体育旅游产品的结合,还要不断创新,让游客能不断获得新鲜的体验。

4. 提供纪念品

纪念品能满足游客的购物需求,传播地域文化,能将乡村户外体育文化有形化;纪念品还起着无形的广告作用,同时还会延长旅游体验持续的时间。对于游客来说,经历是无形的,容易遗忘的,通过购买纪念品,游客能将自己的旅游经历保存起来。游客购买纪念品,不仅可以收藏,还可以用来馈赠,在与别人分享快乐的同时获得心理上的满足。从这个层面来说,纪念品是一种使体验社会化的方法,人们通过它把体验的一部分与他人分享。

纪念品在设计时要注重游客参与,一种方式是让游客体会设计者所要传达的意境,从而唤起游客的某种联想,这种联想与游客的乡村户外体育旅游活动密不可分,能满足游客某种情感诉求;另外一种方式是让游客自己动手制作。自己动手制作纪念品本身就是旅游经历的一部分,融入了游客的劳动和智慧,具有更高的价值。

纪念品的设计还需要鲜明的主题,纪念品主题的选择一要从消费者立场出发,二要突出主题的文化性和教育性,三要有差异性,四要紧跟时代,符合潮流。

例如上海闵兴区打造的乡村户外体育旅游线路,其旅游纪念品恰好迎合举办世博会的契机,推出与世博会有关的主题旅游纪念品。

5.游客参与、模仿

在体验塑造中,参与、互动和模仿是高质量体验形成必不可少的手段。通过参与、互动、模仿,游客才能融入主题情景,增强对乡村户外体育旅游资源的感知和理解,获得深度的旅游体验。

要提高游客的参与性,乡村户外体育旅游景区须在旅游项目的设计和创新方面狠下功夫,合理分配主动式参与旅游项目、被动式参与旅游项目的比例,设计景区的旅游项目库。在观光类的乡村户外体育旅游景区,应注意将观光与参与相结合。景区还可通过满足游客的模仿心理来提供特殊的旅游产品。

第二节 可持续发展理论

可持续发展是人类对工业文明进程进行反思的结果,是人类为了克服一系列环境、经济和社会问题,特别是全球性的环境污染和广泛的生态破坏,以及它们之间关系失衡所作出的理性选择。它反映了人类对自身以前走过的发展道路的怀疑和抛弃,也反映了人类对今后选择的发展道路和发展目标的憧憬和向往。

一、可持续发展理论的内涵

20世纪70年代初,围绕着"增长极限论"而展开的大争论,导致一种新的经济发展理论——可持续发展理论。1989年第15届联合国环境署理事会通过的《关于可持续发展的声明》指出了可持续发展的严格定义:可持续发展,系指满足当前需要而又不削弱子孙后代满足其需要之能力的发展,而且绝不包含侵犯国家主权的含义。环境署理事会认为,要达到可持续发展,涉及国内合作及跨国界合作。可持续发展意味着走向国家和国际的均等,包括按照发展中国家的国家发展计划的轻重缓急及发展目的,向发展中国家提供援助。此外,可持续发展意味着要有一种支援性国际经济环境,从而促进各国,特别是发展中国家经济的持续增长和发展,这对于环境的良好管理也是具有重要意义的。可持续发展还意味着维护、合理使用并且提高自然资源基础,这种基础支撑着生态抗压力及经济的增长。

基于上述分析,可以归纳出可持续发展理论的基本内容:改变只重视经济增长而忽视生态环境保护的传统发展模式;由资源型经济过渡到技术型经济,综合考虑社会、经济、资源与环境效益;通过产业结构调整和合理布局,开发应用高新技术,实行清洁生产和文明消费,提高资源的使用效率,减少废物排放等措施,协调环境与发展之间的关系,使社会、经济的发展既能满足当代人的需求,又不至于对后代的需求构成危害,最终实现社会、经济、资源与环境的持续稳定发展。

通过许许多多的曲折和磨难,人类终于从环境与发展相对立的观念中醒悟过来,认识到人类在向自然界索取、创造富裕生活的同时,不能以牺牲人类自身生存环境作为代价;认识到要共同关心和解决全球性的环境问题,并开创了一条人类通向未来的新的发展之路——可持续发展之路。可持续发展是人与环境矛盾运动中形成的唯一正确的发展选择。这种选择已不只是学者们在书斋里的议论,而是已被越来越多的人所接受并转变成为长期发展战略决策。由于这种选择关系到全人类的切身利益和长远利益,因而受到全人类的普遍关注。

可持续发展是我国的既定发展战略。改革开放以来,通过实施环境保护这一基本国策,我国环境与经济的协调发展取得了明显成效,受到国际上的广泛称赞。如"绿色长城"(防护林带)的建设。1992年联合国环境与发展大会之后,国务院各部门着手研究制定我国的可持续发展战略,也就是《中国21世纪议程》。1994年7月,我国和联合国开发计划署于北京联合召开的中国21世纪议程高级圆桌会议确定把为在我国推行可持续发展战略而制定的《中国21世纪议程》作为指导性文件。这标志着可持续发展已经被郑重地确定为中国长期发展的指导原则,成为我国走向21世纪的既定发展战略。

二、乡村户外体育旅游可持续发展理论

(一)乡村户外体育旅游可持续发展问题的提出

在乡村户外体育旅游业快速发展的过程之中,业界开始认识到旅游与环境和谐共存的重要意义。一方面,乡村户外体育旅游业作为整个经济和社会系统的组成部分,在国民经济和社会发展中具有重要地位和多方面的作用,乡村户外体育旅游业本身就是可持续发展目标体系的组成部分。另一方面,乡村户外体育旅游业本身的发展也面临着可持续发展的要求:乡村户外体育旅游业的发展对人类和自然遗产的依赖,对生态系统稳定性和持续性的影响,以及旅游需求对于人类尤其是对于未来人类基本需求的重要性。乡村户外体育旅游业并非真正意义上的"无烟产业",科学合理地发展乡村户外体育旅游业当然符合社会可持续发展的要求,但违背自然、社会规律的片面发展,也会导致乡村户外体育旅游业本身不可持续的问题,如旅游吸引物的破坏,大量开发破坏其原有的风貌,有些开发对环境的破坏是致命的、永久的,会给后世造成难以弥补的损失。

(二)乡村户外体育旅游可持续发展的含义

乡村户外体育旅游可持续发展是指以资源和生态环境承受能力为基础,以符合当地经济、文化发展状况和社会道德规范为标准,实现乡村户外体育旅游发展与自然、文化和人类生存环境的协调统一,以既满足当代人的需求,又不对后代人构成危害为目标的发展思想和发展道路。乡村户外体育旅游业的可持续发展追求旅游开发的长期价值,以乡村户外体育旅游开发的组合效应评价为出发点,强调乡村户外体育旅游经济发展和自然生态以及社会承受力的综合统一,使乡村户外体育旅游经济真正实现可持续发展。

(三)乡村户外体育旅游可持续发展的目标

乡村户外体育旅游可持续发展有五大目标,具体包括:

第一,增进人们对乡村户外体育旅游所产生的环境效应与经济效应的理解,强化其生态意识;

第二,促进乡村户外体育旅游的公平发展;

第三,改善乡村户外体育旅游接待地区的生活质量;

第四,向旅游者提供高质量的乡村户外体育旅游经历;

第五,保护未来乡村户外体育旅游开发赖以生存的环境。

(四)乡村户外体育旅游可持续发展应遵循的原则

第一,乡村户外体育旅游发展必须符合生态环境的承受能力,符合当地经济发展状况和社会道德规范。

第二,乡村户外体育旅游可持续发展的实质,就是要求乡村户外体育旅游与自然、文化和人类生存环境成为一个整体,乡村户外体育旅游发展不能破坏这种脆弱的平衡关系。考虑到乡村户外体育旅游对自然资源、生物多样性的影响,以及消除这些影响的能力,乡村户外体育旅游发展应当循序渐进。

第三,必须考虑乡村户外体育旅游对当地文化遗产、传统习惯和社会活动的影响。

第四,为了与可持续发展相协调,乡村户外体育旅游必须以当地经济发展所提供的各种机遇作为发展的基础。乡村户外体育旅游与当地经济应该有机地结合在一起,对当地经济发展起到积极的促进作用。

第五,所有可供选择的乡村户外体育旅游发展方案都必须有助于提高人民的生活水平;有助于加强与社会文化之间的相互联系,并产生积极的影响。

第一章　乡村户外体育旅游开发的理论基础

第六,加强与地方政府和环境方面非政府组织的协作,完善规则,实现乡村户外体育旅游的可持续发展。

三、承载力:乡村户外体育旅游可持续发展的理论核心

(一)承载力的含义

乡村户外体育旅游业可持续发展的关键就是解决乡村户外体育旅游环境承载力约束问题。承载力也称景区旅游容量,它是在一定时间条件下,一定旅游资源的空间范围内的旅游活动能力,即满足游人最低游览要求,包括心理感应气氛以及达到保护资源的环境标准时,旅游资源的物质和空间规模所能容纳的游客活动量。简而言之,承载力是指一个旅游目的地在不至于导致当地环境和来访游客旅游经历的质量出现不可接受的下降这一前提之下,所能接纳外来游客的最大能力。

景区承载力强调了土地利用强度、旅游经济收益、游客密度等因素对旅游地承载力的影响,在内容上包括了资源空间承载量、生态环境承载量、社会心理承载量、经济发展承载量、社会地域承载量等基本内容,一个旅游地的旅游承载力是这些承载量的综合体现。

旅游地的资源空间承载量:指在一定时间内旅游资源的特质和空间规模能够容纳的旅游活动量。

旅游地的生态环境承载量:指在一定时间内,旅游接待地区的自然环境所能承受的最大限度的旅游活动量。这种限度一旦被突破,旅游资源所处的自然环境就会被破坏。

旅游地的经济发展承载量:现代旅游是经济和社会发展到一定高度的产物,同时各地区的旅游接待能力也受到当地的经济和社会发展水平的限制,这种限度就是旅游地的经济发展容量。换句话说,即旅游目的地接待能力超负荷时是否愿意以及是否能够增加基础设施的认识水平和实施能力,具体反映在旅游目的地愿意而且能够为发展旅游业而进行的投资规模的大小,这些投资可涉及旅游者吃、住、行、游、购、娱等方面的一切直接和间接设施。

旅游地的社会地域承载量:由于每个旅游接待地区的人口构成、民情风俗和社会开化程度不同,每个旅游地的居民和与之相容的旅游者数量和行为方式也不相同,二者之间可能存在一个最大的容忍上限,这个限度则被称为社会地域容量。

旅游地的社会心理承载量(感应气氛承载量):这是从旅游者的角度来看的,

是指旅游者在某地从事旅游活动时,在不降低活动质量的前提下,该地域所能容纳的旅游活动最大量。

(二)乡村户外体育旅游景区承载力的重要性

为了避免乡村户外体育旅游景区因超量接纳外部的强制输入而导致景区生态系统失衡,承载力指标对乡村户外体育旅游景区接待地的旅游者活动和产业活动,如接待人数、空间分布、旅游者行为等作出了一系列的规定。乡村户外体育旅游景区承载力是景区规划发展的前提。

第一,资源承载力的确定是景区接待游客量的前提。乡村户外体育旅游资源的不可再生性大大削弱了乡村户外体育旅游景区资源所能容忍的旅游活动强度。有些乡村户外体育旅游资源是遗留下来的重要资源,具有重要的保护价值。对景区资源的保护必须作为生存与发展的头等要事,乡村户外体育旅游活动的开展必须考虑资源保护的合理承载力要求。

第二,旅游心理承载量以服务旅游者的满意度为基础。旅游心理承载量包括旅游者的直接旅游心理承载量(感知承载量)和旅游地居民的相关旅游心理承载量,即游人的数量应限制在不破坏游兴和心理快适的范围之内,否则就达不到旅游的目的。

第三,对环境承载力的把握是走可持续发展道路的有力措施。乡村户外体育旅游环境承载力是指在不会导致一定的旅游时间和地域内的生态环境发生恶化的前提下景区所容纳的旅游活动强度。生态承载力是衡量景区生态环境能否保持可持续发展的一项重要指标。

第四,社会承载力是游客与景区居民增强交流的渠道。社会承载力是指接待地的产业构成、风俗、生活方式、社会开放程度等所决定的当地居民可以接纳和容忍的旅游活动强度。随着乡村户外体育旅游业的不断成熟与发展,景区居民与游客的接触与交流加强,增强了彼此的了解。旅游者的意识也在影响和改变着居民的各种观念,同时也给居民带来了经济上的繁荣和生活方式的改变,这样就会使居民对旅游者的接纳能力不断提高,社会承载力也不断增加。

第五,经济承载力是提高景区效益的有力保证。乡村户外体育旅游经济承载力涉及的范围比较宽泛,有设施承载量、旅游开发的能力、当地与乡村户外体育旅游业相关的产业、投入乡村户外体育旅游业的资源、发展乡村户外体育旅游业对某些产业的限制等。一般以设施承载量作为乡村户外体育旅游经济承载力的主要方面,它决定了接待游客的数量、乡村户外体育旅游活动强度以及乡村户外体育旅游经历的质量。乡村户外体育旅游景区的设施应以满足游客的需求为基础,这样在旅游高峰期,景区食宿设施能够供求平衡,不会对景区接待造成障碍,限制景区的发展。

当前,我国的乡村户外体育旅游业正高速发展,旺季热点景区人流过于集中,尤其是"黄金周"更加重了景区负荷的压力,我国乡村户外体育旅游业在开发中遇到的旅游容量饱和、超载的问题比发达国家严峻得多。景区容量的超载,会对乡村户外体育旅游资源造成严重的破坏,降低景区的质量,影响游客的出游积极性,不利于乡村户外体育旅游业的可持续发展。要使承载力不出现因超载而被破坏的情况,必须在开发规划和管理中充分考虑承载力,这样才能使乡村户外体育旅游业快速发展,才能够走可持续发展的道路。

第三节 利益相关者理论

一、利益相关者理论的含义

(一)利益相关者理论的产生与发展

利益相关者理论是20世纪60年代起源于英美等西方国家的一种管理理论,进入80年代以后其影响开始扩大,并促进了企业管理理念和管理方式的转变。

1963年,斯坦福大学研究所提出了利益相关者的定义:利益相关者是这样一些团体,没有其支持,组织就不可能生存。这个定义在今天看来是不全面的,它只考虑到利益相关者对企业单方面的影响,并且其范围仅限于影响企业生存的一小部分。但是,它让人们认识到,除了股东以外,企业周围还存在其他的一些影响其生存的群体。

在此之后,学界经过讨论总结了利益相关者的概念和利益相关者管理理论。即利益相关者是能够影响一个组织目标的实现,或者受到一个组织实现其目标过程影响的所有个体和群体。与传统的股东至上主义相比较,该理论认为任何一个公司的发展都离不开各利益相关者的参与,企业追求的是利益相关者的整体利益,而不仅仅是某些主体的利益。这些利益相关者包括企业的股东、债权人、雇员、消费者、供应商等交易伙伴,也包括政府部门、本地居民、当地社区、媒体、环境保护主义等组织,甚至还包括自然环境、人类后代、非人物种等受到企业经营活动直接或间接影响的客体。这些利益相关者都对企业的生存和发展注入了一定的专用性投资,他们或是分担了一定的企业经营风险,或是为企业的经营活动付出了代价,企业的经营决策必须要考虑他们的利益,并给予相应的报酬和补偿。企业的发展前景有赖于对利益相关者不断变化的利益要求的回应质量。因此,管理者必须从利益相关者的角度来看待企业,这样才能获得持续的发展。

(二)利益相关者的分类

有关利益相关者的划分,目前较为常见的有多维细分法和米切尔评分法。

1. 多维细分法

多维细分法是指,利益相关者可以被企业从多个不同的角度进行细分,不同的利益相关者对企业的影响是不同的。20世纪90年代中期,国内外学界采用多维细分法从不同角度对利益相关者进行了划分。

有些观点认为,利益相关者由于所拥有的资源不同,对企业产生不同影响。可以从三个方面对利益相关者进行细分:第一,持有公司股票的一类人,如董事会成员、经理人员等,称为所有权利益相关者;第二,与公司有经济往来的相关群体,如员工、债权人、内部服务机构、雇员、消费者、供应商、竞争者、地方社区等,称为经济依赖性利益相关者;第三,与公司在社会利益上有关系的利益相关者,如政府机关、媒体以及特殊群体,称为社会利益相关者。

有些观点认为,根据利益相关者对企业产生影响的方式来划分,可分为直接的和间接的利益相关者。直接的利益相关者就是直接与企业发生市场交易关系的利益相关者,主要包括股东、企业员工、债权人、供应商、零售商、消费者、竞争者等;间接的利益相关者是与企业发生非市场关系的利益相关者,如中央政府、地方政府、外国政府、社会活动团体、媒体、一般公众等。

有些观点认为,按照相关群体与企业是否存在交易性的合同关系,可将利益相关者分为两类。一类是契约型利益相关者,包括股东、雇员、顾客、分销商、供应商、贷款人;另一类是公众型利益相关者,包括全体消费者、监管者、政府部门、压力集团、媒体、当地社区。

有些观点认为,从相关群体是否具备社会性以及与企业的关系是否直接由真实的人来建立两个角度,可将利益相关者分为四类:首要的社会性利益相关者,他们具备社会性和直接参与性两个特征,如顾客、投资者、雇员、当地的社区、供应商、其他的商业合伙人等;次要的社会性利益相关者,他们通过社会性的活动与企业形成间接联系,如居民团体、相关企业、众多的利益集团等;首要的非社会性利益相关者,他们对企业有直接的影响,但不与具体的人发生联系,如自然环境、人类后代等;次要的非社会性利益相关者,他们不与企业有直接的联系,也不作用于具体的人,如环境保护组织、动物保护组织等。

2. 米切尔评分法

在米切尔评分法中,有两个问题居于利益相关者理论的核心:一是利益相关者的确认,即谁是企业的利益相关者;二是利益相关者的特征,即管理层依据什么来给予特定群体以关注。

米切尔评分法从以下三个属性对可能的利益相关者进行评分,然后根据分值的高低来确定某一个人或者群体是不是企业的利益相关者,是哪一类型利益相关者。

第一,合理性,即某一群体是否被赋予法律上的、道义上的或者特定的对于企业的索取权。

第二,影响力,即某一群体是否拥有影响企业决策的地位、能力和相应的手段。

第三,紧急性,即某一群体的要求能否立即引起企业管理层的关注。

根据企业的具体情况,从上述三个属性评分后,企业的利益相关者又可以被细分为以下三类。

决定型利益相关者:他们同时拥有合理性、影响力和紧急性属性。为了企业的生存和发展,企业管理层必须时刻关注并设法满足决定型利益相关者的欲望和要求。典型的决定型利益相关者包括股东、雇员和顾客。

预期型利益相关者:他们与企业保持较密切的联系,拥有上述三项属性中的两项。同时拥有合理性和影响力——主要的利益相关者,如投资者、雇员和政府部门等;同时拥有合理性和紧急性的群体——依靠的利益相关者,如媒体、社会组织等;同时拥有紧急性和影响力,却没有合理性的群体——危险的利益相关者,比如,一些政治和宗教的极端主义者、激进的社会分子,他们往往会通过一些比较暴力的手段来达到目的。

潜在型利益相关者:潜在型利益相关者是指仅拥有合理性、影响力和紧急性三项属性中的一项的群体。

国内学界也从利益相关者的其他属性对其进行了界定和划分。一些学者从利益相关者的合作性与威胁性两个方面入手,将利益相关者分为支持型利益相关者、混合型利益相关者、不支持型利益相关者以及边缘的利益相关者。还有一些学者则从利益相关者的主动性、重要性和紧急性三个方面,将利益相关者分为核心利益相关者、蛰伏利益相关者和边缘利益相关者三种类型。

二、乡村户外体育旅游利益相关者的构成体系

综合以上利益相关者划分的方法,根据乡村户外体育旅游开发所涉及的领域、不同领域利益主体的利益性质、相关程度和影响方式,可将乡村户外体育旅

游开发的利益相关者分三个层次,即核心层、支持层和边缘层。

(一)核心层利益相关者

核心层利益相关者指乡村户外体育旅游开发过程中的主要群体,他们拥有直接的经济、社会和道德利益。他们通过参与乡村户外体育旅游开发发生联系,直接影响乡村户外体育旅游开发的运行,直接接触旅游者的旅游活动,包括政府(国家、地方政府)、旅游企业(投资商、供应商、代理商、员工)、旅游者、当地社区和从业人员。其中,当地社区和旅游者的利益处于最核心位置,原因在于乡村户外体育旅游开发的目的就是为旅游者提供高质量体验和提高目的地社区居民的生活质量。

1. 政府

(1)国家旅游利益。体现在国内乡村户外体育旅游方面,包括通过乡村户外体育旅游消费拉动经济增长,提高国民素质,促进社会进步,增加就业机会,改善国民生活质量,等。体现在国际乡村户外体育旅游方面,包括赚取外汇,平衡国际收支,促进文化交流,提高国家软实力,改善国际关系,等。

(2)地方政府旅游利益。主要表现为:发展经济,改善居民生活质量,增加就业机会,提高地方知名度等。

2. 乡村户外体育旅游企业

乡村户外体育旅游业发展过程中,必须保障企业自身利益。涉及乡村户外体育旅游的景区、餐饮、住宿、运输、商品经营等企业,他们有着大致相似的利益追求:良好的政策环境和合理的经济负担(税收、社区贡献等);有高素质并热爱乡村户外体育旅游业的劳动力资源(主要是当地就业者);充足的和高质量的客源以保障经营收益(游客数量、停留时间和消费额)。

3. 旅游者

旅游者作为乡村户外体育旅游产品的消费者,是乡村户外体育旅游开发的利益相关者的重要部分。他们在支付相应的成本如时间、精力,面对与接待地的文化差异以及离开常住地后的各种生活不便的同时,希望能够享受到保质保量甚至是物超所值的乡村户外体育旅游产品,如"高质量"和"特殊"的乡村户外体育旅游体验、乡村户外体育旅游过程中的健康与安全保障、生活方式和文化传统受到尊重、预设的自我价值得以实现等。与此同时,他们还希望自己在目的地的部分开支被用来保护自然和文化遗产,使得乡村户外体育旅游品牌形象得以进一步提升;服务企业提供良好的售后服务,保持良好的客户关系。

4. 社区与当地居民

乡村户外体育旅游开发中,当地社区在资源、环境、社会、心理等方面都承担了一定的风险。而社区居民将直接体会到乡村户外体育旅游业发展给生活带来的变化,乡村户外体育旅游业发展的部分成本直接转移给当地社区居民。因此乡村户外体育旅游开发必须考虑当地社区与社区居民的利益,才能获得相应的支持从而保证乡村户外体育旅游业的健康、持续发展。具体而言,当地社区更关注乡村户外体育旅游开发过程中的自身利益,其中包括:充足和卫生的食品,没有污染的水源,医疗保健和健康安全,充足的工作机会和合理的工作报酬,较好的受教育机会,足够和安全使用娱乐场所的机会;维护和增强社区的个性,增强当地人的自尊和自信;参与乡村户外体育旅游开发决策,提高对其生活的控制力。

5. 从业人员

在乡村户外体育旅游业发展过程中,不同行业、不同层次的从业人员,他们也有自身的利益追求:明确的个人角色、权利和义务,合理的奖赏、工资和福利,参与决策的权利以及可期待的职业发展阶段。只有将个人的发展与组织的发展、行业的繁荣结合起来,从业人员的归属感和自我价值才能得以体现。

(二)支持层利益相关者

支持层利益相关者指那些在某一特定的时间和空间能给乡村户外体育旅游开发带来机会和威胁的利益相关者,主要包括社会公众、竞争或合作者、非政府组织等。他们对乡村户外体育旅游开发的影响是间接的,但在信誉、公众形象方面的作用力较大。

例如文化与环境保护组织,他们希望所代言的非人类种群的利益得到充分重视,包括:通过防护、改善、修复和重建被损坏的文化遗产和自然环境等达到文化遗产和环境保护的目的;通过发展乡村户外体育旅游业拯救濒临失传的非物质文化遗产(民俗、民间体育艺术等);鼓励人们对历史建筑、遗址等有形文化遗产的保护,并为这些活动提供资金;激励人们去关心环境,提高环境意识;人类活动对环境、资源的影响仅限于边缘区域,或者以一定的方式补偿人类对环境的影响。

(三)边缘层利益相关者

边缘层利益相关者指潜在的、非人类的、间接作用于乡村户外体育旅游开发和乡村户外体育旅游业发展过程的利益主体。上述两个层次的利益相关者考虑的是人类的和现实的利益主体。受乡村户外体育旅游开发资源配置和使用行为影响的对象,包括人类的和非人类的、现实的和潜在的,以及影响乡村户外体育旅游开发的宏观环境——政治、经济、社会、文化和技术环境等,都是乡村户外体育旅游开发的利益主体,即边缘层利益相关者。

除此之外,还有利益相关者各方共同关注的问题:地方交通、通信和其他基础设施的改善;本地居民与旅游者之间的关系(如乡村户外体育旅游开发对文化的影响或对基础设施的共同利用问题);土地利用的分配问题(居民居住用地、接待设施用地、农业及娱乐用地、狩猎和保护区、野生动物栖息地等);当地居民生活质量的提高;政府增加税收;地方声誉提高等。

乡村户外体育旅游业的发展涉及众多的利益相关者,它的发展中必然会有各种利益主体的相互博弈。在乡村户外体育旅游项目开发的过程中,必须把这些利益相关者充分吸纳进来,并且尽力维护各方利益,才能使乡村户外体育旅游业健康、持续地发展。

第四节 旅游地生命周期理论

一、旅游地生命周期理论的内涵

产品生命周期,是把一个产品的销售阶段比作人的生命周期,要经历出生、成长、成熟、老化、死亡等阶段。就产品而言,也就是要经历一个开发、引进、成长、成熟、衰退的阶段。学者们公认并广泛应用的旅游地生命周期理论是由加拿大学者提出的,其借用产品生命周期模式来描述旅游地的演进过程,提出一个地方的旅游开发不可能永远处于同一个水平,而是随着时间变化不断演变的。可以用一条近S形的曲线的变化,说明不同发展阶段旅游地的发展状况:有的时候旅游地的来访者人数处于上升状态,有的时候来访者的人数则可能处于下降状态(如图1-1所示)。图1-1为旅游地生命周期曲线,每个旅游地都将经历"资源发现→开发启动→快速增长→平稳发展(巩固和停滞)→衰落与复苏"的过程,这个过程存在着五个相连续的阶段。

(一)资源发现期

资源发现期主要是少量的探险者、科考者进入旅游地,由于开发尚未启动,乡村户外体育旅游资源还未成为旅游产品,很少有专门的乡村户外体育旅游服务设施。此阶段也称旅游地发展的探索阶段,可以看到一些关于旅游地资源的摄影作品、科普科研文章、文学作品、绘画作品等,但都是纯粹的资源介绍,毫无商业营销意味,当地居民对外来者感到百般新奇并热情欢迎。

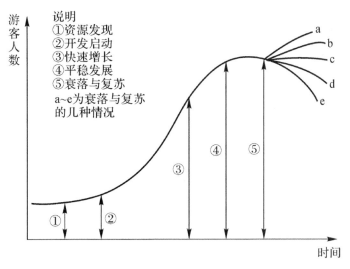

图1-1 旅游地生命周期曲线

(二)开发启动期

旅游地的发展进入开发启动期后,乡村户外体育旅游业投资主要来自本地区,乡村户外体育旅游资源逐渐转化为旅游产品。伴随着基础设施建设的投入,旅游地社区居民在就业、为建设者和游客提供服务方面都获得了前所未有的效益,因而对乡村户外体育旅游开发充满热情。投资者为了得到回报和滚动开发资金,开始了大规模的营销,旅游地的知名度大增,游客大量涌入。此时乡村户外体育旅游开发对社区环境的影响已经开始了。

(三)快速增长期

这个时期的特点是乡村户外体育旅游产业飞速发展,回笼货币量大,乡村户外体育旅游业对当地经济的拉动大,游客人数也快速增长,各景区接待游客数量普遍超过环境容量,资源、环境、设施的压力大,旅游地的形象已牢固树立起来。随着投资资本大规模进入,风景区的"圈地运动"节节升温,新的投资项目不断出现,旅游地的房地产迅速升值。社区居民的生活条件得到基本改善,但与他们的期望值相差较大。特别是外地投资者的大量进入使社区居民的就业受到来自外地训练有素的管理者和技术人员的威胁,他们的就业环境反不如开发期好,所从事的多是知识含量不高的工种;同时物价上涨,使社区居民在经济地位上更彻底地陷入被动。外地商人的进入也使社区居民的低水平的商业服务在竞争中占不到先机。因而社区居民的不满情绪在滋长,特别是他们对投资者和游客的不满情绪大增,进一步影响了游客与社区居民的沟通。

(四)平稳发展期

这个时期可分为巩固和停滞两个阶段。

巩固阶段：乡村户外体育旅游人数增长速度下降，但总量依然增长。为了缓解乡村户外体育旅游市场季节性差异，投资者开拓新的市场，并出现更多的广告。

停滞阶段：乡村户外体育旅游人数高峰到来，已经达到或超过旅游容量。旅游地依赖比较保守的回头客。人造景观大量取代自然景观，文化吸引物、接待设施过剩；大批设施被商业利用，旅游业主变换频繁；酒店之间抢夺客源现象严重，市场混乱，低价竞争导致社区服务质量大幅下降。旅游地可能出现环境、社会、经济问题，社区居民对游客产生反感。

(五)衰落与复苏时期

衰落阶段，旅游者流失，旅游地游客数量依赖邻近地区的一日游和周末双日游的旅游者来支撑。旅游地财产变更频繁，设施被移作他用，外来投资者将资金大量撤出，地方投资重新取代外来投资而占主要地位。

除此之外，旅游地在停滞阶段之后，也有可能进入复苏阶段。在此阶段，有全新的旅游吸引物取代原有旅游吸引物。要进入复苏阶段，旅游地吸引力必须发生根本的变化，要达到这一目标有两种途径：一是创造一系列新的人造景观；二是发挥未开发的自然旅游资源的优势，重新启动市场。

在衰落与复苏阶段，由于景区开发的方式和成效差异，可能存在多种不同情况：

第一，旅游地经过深度开发，卓有成效，游客量继续增加，市场扩大，很快进入上升期，进入新的一轮生命周期；

第二，景区限于较小规模的调整和改造，游客数量小幅增长，复苏幅度缓慢，注重资源保护，市场得到整治；

第三，重点放在维持现有景区容量，避免游客数量出现下滑，旅游地继续平稳发展；

第四，过度利用资源，不注重环境保护，导致竞争能力下降，游客量显著下滑。

二、旅游地生命周期理论的应用

旅游地生命周期理论是一个能合理地解释旅游地发展的模型。在指导旅游地规划和管理方面，该理论能提供给管理者长远的发展指导以及揭示各个阶段不同变化的影响力。但作为预测工具,该理论作用有限。

(一)旅游地生命周期的影响因素分析及调整控制

如果对影响旅游地生命周期的因素进行归纳,我们至少可以看到四方面的因素在很大程度上决定着旅游地的生命周期的具体模型:吸引力因素、需求因素、效应因素和环境因素。这些因素以不同的方式、作用强度和作用时间,对旅游地生命周期施加影响。

1. 吸引力因素及其调整控制

旅游地吸引力是旅游地可持续发展的重要决定因素。乡村户外体育旅游资源的吸引力一方面决定着旅游地对旅游者的吸引力的大小,吸引力越强,旅游地生命周期越长;另一方面决定着对当地乡村户外体育旅游从业者的吸引力,通过激发从业积极性,促进乡村户外体育旅游业发展。要增强旅游地吸引力,需在其生命周期的不同阶段采取不同措施:

第一,在探索期和起步期,确保乡村户外体育旅游产品规划的特色性和文化性,以促进旅游地的快速起步;

第二,在发展期和成熟期,增强资源吸引力,提升资源的综合功能,加强旅游地的综合吸引力;

第三,在成熟期和停滞期,更新旅游吸引物、提高市场吸引力,建立相关支持和保障体系,提高后续发展能力。

2. 需求因素及其调整控制

需求是旅游地生命周期演变的重要影响因素,尤其在开发论证阶段,需求论证是决定开发可行性的直接因素。需求因素本身受多种因素的影响,如消费观念、闲暇时间、可支配收入、新的景点的出现、旅游地环境和服务质量的变化等。由于需求本身的复杂性和难以测量性,需求研究难以取得准确而全面的结论,这种情况在我国乡村户外体育旅游开发实践中是有经验教训的。一方面在主观上没有对需求特征进行细致深入的研究,另一方面在客观上又缺乏从事市场研究的专家,致使许多旅游地开发项目缺乏应有的需求基础,最终导致经营上步履维艰,甚至关门谢客了事。

通过调整需求因素来调节旅游地生命周期,可以采取如下措施:

第一,在开发初期,充分研究市场,采取以市场为主导的开发策略,确保项目可持续发展;

第二,在成长期、稳定期,采取以树立旅游地品牌为主的发展策略,同时关注市场变化,调整营销策略,保持并继续扩展客源市场规模;

第三,在停滞期,通过选择放弃策略、收割策略或者创新策略来重塑吸引力,争取避免衰退或者转入复苏阶段,实现新的循环。

3. 效应因素及其调整控制

效应因素包括经济效应和社会效应。

经济效应对乡村户外体育旅游生命周期的影响,可以集中反映在两个方面。一方面,持续积极的经济效应,包括对旅游地的开发经营者和社区乃至社会的效应,不仅可以加速旅游地步入发展、巩固和成熟的阶段,增强其维持繁荣期的能力,而且可以促进旅游地的深度开发。另一方面,任何消极的经济效应,都将最直接地构成经营者自身的经营阻力并引发外部社会的负面反应,而这种状况只能加速一个旅游地衰退期的到来。

社会效应在某些情况下确实足以影响旅游地的生命周期。一般而言,在旅游地的早期探险和随后的规模开发阶段,由于旅游者群体大多由一些具有冒险精神、不因循守旧的人构成,他们对旅游地的风俗习惯和社会规范都能积极适应,加之他们的出现给旅游地创造了又一个了解外部社会的渠道,因此,他们对旅游地生命周期的影响主要是正面的。而在旅游地发展达到饱和或进入停滞期时,乡村户外体育旅游的大众化对地方文化的冲击趋于深刻,因此游客对地方社会的各种习俗和规范的适应性相对较差,由此而引发负面反馈,就可能潜在地或现实地加速旅游地衰退期的到来。

要处理上述效应因素所引发的问题,旅游地必须树立可持续发展理念:

第一,在最初的酝酿期和开发规划阶段,应当以可持续发展理论为指导;

第二,在后期其他阶段,大力推行可持续发展措施;

第三,在整个生命周期阶段,都应该大力推行可持续发展战略。

4. 环境因素及其调整控制

(1)环境因素。环境因素是指旅游地的内部组织环境、外部经营环境以及宏观环境。内部组织环境包括企业组织结构、地方管理部门、人力资源状况等。外部经营环境包括政府投入、招商引资、市场开放程度等。宏观环境包括旅游政策法规、社会舆论导向、重大事件等。

(2)调整控制措施。针对环境因素的影响,旅游地的政府管理部门和乡村户外体育旅游企业需要制定相应的调整控制措施:首先,在起步期和成长期,政府制定相关政策,优化环境,做好推广;企业做好投资分析,调整组织结构,改变经营方式。其次,在发展期到成熟期,树立品牌,促进各发展要素的整合升级;企业通过优化组合,完善内部组织环境。最后,在衰退期,采取调整措施。

此外,旅游地的自然环境也会影响旅游地的生命周期。旅游地的环境效应是一个日益引起人们关注的领域。以往人们倾向于认为乡村户外体育旅游是一种不引发环境负效应的活动。可是,越来越多的事实表明,乡村户外体育旅游会对环境造成负面影响。这主要因为：第一，乡村户外体育旅游对环境的依赖十分强烈，或者说被开发的旅游地往往是为满足旅游者追求原始、自然或新奇的环境而建设在自然环境和生态系统保存得最完好的地区，正是由于旅游者的介入，才引发了一系列环境和生态问题；第二，乡村户外体育旅游本身因交通、对资源的需求、废物排放、土地利用、旅游者活动等而直接对环境造成不同形式和程度的影响。单从这两个方面而言，可以肯定的是，一个本来为满足旅游者消费需求而开发出来的旅游地，如果因管理不善而产生严重的环境问题，就意味着旅游者前往该地的初衷事实上已无法得到实现，加之环境问题所引起的社区和各种利益相关者的负面反应，就必然会加速旅游地衰退期的到来。

对于旅游地生命周期这一理论模型，西方学者一直在做实证性的探索。尽管他们在不同程度上都发现了这个理论模型与实际情况之间存在的差异，但他们的研究成果都支持这一理论的一般观点。实际上，旅游地生命周期曲线的具体形状虽然因旅游地自身的发展速度、可进入性、政府政策以及竞争状况等因素的差异而各有差异，但每个旅游地都难免要经过"早期探险""地方参与""发展""巩固""停滞""衰退"这样几个阶段。能够满足一切旅游者需求的度假地实际上是不存在的。然而，从经营的角度而言，没有一个经营者不期望他所开发经营的旅游地能在为他提供利润的前提下尽可能长久地生存下去。我们虽然相信"永生"是不可能的，但也相信，在弄清了影响旅游度假地寿命长短的因素进而做出明智决策之后，"长寿"的目标是不难达到的。

对旅游地生命周期的控制和调整，实际上就是对相关的影响因素的作用力和作用方向进行控制和引导，最大限度地发挥这些因素对扩展旅游地的生命周期的积极影响。

第二章 乡村户外体育旅游活动必备要素

开展乡村户外体育旅游必须具备三大要素,即乡村户外体育旅游资源、乡村户外体育旅游设施和乡村户外体育旅游服务。乡村户外体育旅游资源是乡村户外体育旅游者旅行游览的目的物;乡村户外体育旅游设施是接待乡村户外体育旅游者来满足其体育旅游需求或观赏、参与体育旅游活动的物质设备条件;乡村户外体育旅游服务主要是指为乡村户外体育旅游者在观赏、参与乡村户外体育旅游活动时和在此期间的食、住、行、购物等方面提供的服务活动总和。乡村户外体育旅游资源和乡村户外体育旅游设施是物质因素,乡村户外体育旅游服务是人为的因素,只有这两者相结合,乡村户外体育旅游活动才能存在和发展。

第一节 乡村户外体育旅游资源评价与开发

一、乡村户外体育旅游资源评价的目的与原则

(一)乡村户外体育旅游资源评价的目的

对乡村户外体育旅游资源的评价通常是乡村户外体育旅游资源开发建设的基础和前提,是旅游地建设的核心内容之一,其目的在于:

第一,确定乡村户外体育旅游资源的数量、丰度、类型与组合状况,评估该旅游地的乡村户外体育旅游资源在一定区域范围内的价值和地位;

第二,明确旅游地的性质(类型),拟定未来的旅游地中乡村户外体育旅游资源的结构(主次关系)和新的乡村户外体育旅游资源的开发计划;

第三,通过对乡村户外体育旅游资源及其客观开发条件的评价,确定不同类型乡村户外体育旅游资源的开发程序和不同类型旅游地的建设顺序。

(二)乡村户外体育旅游资源的评价原则

乡村户外体育旅游资源评价是一项重要但又十分复杂的工作,原因是乡村户外体育旅游资源本身包罗万象,评价工作又涉及众多学科,因而难以有一个统一的评价标准。但乡村户外体育旅游资源评价仍然必须遵循一定的原则,这些

原则包括以下内容。

第一，客观科学性原则。乡村户外体育旅游资源是客观存在的事物，其价值表现、内涵、功能等也是客观存在的，因此应实事求是地充分应用地学、美学、史学等多方面的知识和方法，对乡村户外体育旅游资源的形成、本质、属性、价值等核心内容得出科学的解释和评价。

第二，全面系统性原则。乡村户外体育旅游资源是多种多样的，乡村户外体育旅游资源的价值和功能也是多层次、多形式的，这就要求在评价乡村户外体育旅游资源时，应综合衡量、全面完整地进行系统评价，准确反映乡村户外体育旅游资源的整体价值。

第三，效益估算性原则。乡村户外体育旅游资源调查和评价的目的是为其开发利用服务，而开发利用的目的则是要取得一定的效益，因此在进行评价时，应充分考虑投入资金进行开发后的经济效益、社会效益和环境效益，以避免盲目开发导致的损失。

二、乡村户外体育旅游资源评价的内容

（一）乡村户外体育旅游密度

乡村户外体育旅游密度是用来量度乡村户外体育旅游资源的特质、规模和接待状况等社会经济条件的重要指标之一，也是旅游地开发建设的科学依据，包括以下四类：

乡村户外体育旅游资源密度，指在一定地域范围内乡村户外体育旅游资源的集中程度；

乡村户外体育旅游空间密度，指在一定时间内旅游地所接待或可能接待的游客量与其空间面积的比值；

乡村户外体育旅游人口密度，指在一定时间内接待游客活动量与接待地人口的比值；

乡村户外体育旅游经济密度，指在一定时间内接待游客活动量与接待地社会经济条件的比值。

（二）乡村户外体育旅游容量

乡村户外体育旅游容量又称乡村户外体育旅游饱和度，是乡村户外体育旅游活动容纳的能力，具体而言，旅游容量指的是在满足游人最低的游览要求（心理感应气氛）和达到保护风景区的环境质量要求时风景区所能容纳的游客量，包括以下五类。

一是乡村户外体育旅游资源容量,指在一定时间内乡村户外体育旅游资源的特质和空间规模能够容纳的活动量。

二是乡村户外体育旅游生态环境容量,指在一定时间内旅游接待地区的自然环境所能承受的最大限度的活动量。

三是乡村户外体育旅游经济容量,指当地经济和社会发展水平对接待量的制约,这种限制就是乡村户外体育旅游的经济容量。

四是乡村户外体育旅游社会容量。由于人口构成、民情风俗和社会开放程度的不同,每个旅游地与之相容的游客数量和行为方式也不相同,两者之间可能存在一个最大的容忍上限,这个限度即被称为乡村户外体育旅游社会容量。

五是乡村户外体育旅游感应氛围容量。指游客的数量应限制在不破坏游兴的范围之内,这一范围的极限即被称为乡村户外体育旅游感应氛围容量。

一般而言,乡村户外体育旅游资源密度与乡村户外体育旅游资源容量之间有一个比较稳定的内在相关关系,前者呈现出乡村户外体育旅游发展现实的或可能的区域形象,后者则展示了乡村户外体育旅游接待的限制性图景。

(三)乡村户外体育旅游节律性

乡村户外体育旅游节律性又称季节性,是指旅游地由于自然条件(如气候)和资源在一定时间(通常是一年)内所发生的有节奏的变化,所导致的乡村户外体育旅游活动产生同样周期性的变动现象。一些体育人文旅游资源(节庆、民族运动会)在一年内常有固定的时间,所以季节性也比较强。乡村户外体育旅游资源的评价必须把这种节律性包括在内。

(四)艺术特色、科学价值和文化价值

乡村户外体育旅游资源的艺术特色、科学价值和文化价值、功能等有关其质量性的要素,是关系着旅游地开发规模、程度和前景的重要衡量标志,对其必须进行实事求是的评价。尤其是其在国内和世界上所占的地位,更需做出严谨的评价,不宜过分抬高。

(五)景点的地域组合

不同类型乡村户外体育旅游景点的布局和组合状况,是旅游地优势和特色的重要反映,也是影响乡村户外体育旅游资源开发效果和效益的重要因素,所以在评价中必须予以足够的重视。其中,乡村户外体育旅游资源密度较大,相距甚近,又有多种类型的协调配合,并呈线型、环闭型或马蹄型旅游线排列,为风景区最佳的组合态势。

(六)乡村户外体育旅游开发次序

乡村户外体育旅游开发次序是旅游资源评价的最后一项工作,即根据已经得出的各种量的指标,确定乡村户外体育旅游资源开发的难易程度及不同类型之间的关联程度,决定各项乡村户外体育旅游资源开发的先后顺序,在此基础上根据各项开发费用估计出所需要的总的旅游投资,从而可进行投资回报率、投资回收周期等定量指标测算。

三、乡村户外体育旅游资源评价的方法

国外乡村户外体育旅游资源的评价已有多年的历史,出现了多种评价方法:有单因素评价法,如克劳用气候因子对加拿大的乡村户外体育旅游资源进行评价;有自然要素综合评价法,如古德阿勒对意大利波西塔诺小镇的户外体育旅游潜力进行评价;有旅游需求—供给评价法,如费拉里奥对突尼斯乡村户外体育旅游资源的供需评价。上述评价有一个共同点,就是尽可能地将指标定量,而定性作为辅助因素。

(一)定性评价法

1. 历史文化价值

历史文化价值属于人文旅游资源评价范畴。评价历史古迹,要看它的类型、年代、规模和保存状况及其在历史上的地位。如贵州省平塘县卡蒲毛南族乡甲坝村抵翁寨保存的传统体育项目"猴鼓舞"已有二百多年的历史,在世界传统体育文化史上占有重要的地位。

2. 艺术观赏价值

艺术观赏价值主要指客体景象艺术特征、地位和意义。自然风景的景象属性和作用各不相同,其种类愈多,构景的景象也愈加丰富多彩。主景、副景的组合,格调和季相的变化,对景象艺术影响极大。若景象中具有奇、绝、古、名等某一特征或数种特征并存,则旅游资源的景象艺术水平就高,反之则低。

3. 科学考察价值

科学考察价值指景物的某种研究功能,在自然科学、社会科学上各有什么特点,为科学工作者、科学探索者和追求者提供研究场所。

(二)定量评价法

乡村户外体育旅游资源的定量评价法包括层次分析法和指数表示法等多

种。这里重点介绍层次分析法。其具体评价过程是：先将评价项目分解成若干层次，然后在比原问题简单得多的层次上逐步分析，最后再将人的主观判断用数学形式表达和处理。这种方法是一种综合和整理人们主观判断的客观方法，也是一种结合定量和定性分析的方法。

(三)市场评价法

市场评价法适合于景区之间，尤其是旅游地之间旅游资源价值的比较。

1. 乡村户外体育旅游资源进行市场评价的必要性

由于其价值多元化和综合性，在以往的乡村户外体育旅游资源评价中，往往侧重于对其及各个属性进行分类评价，如乡村户外体育旅游资源的自然地理条件、科研学术价值、文物考古价值和美学观赏价值等。然而，这些价值之间有时很难直接进行比较排序。例如，一些乡村户外体育旅游项目属于非物质文化遗产，也被列入国际遗产保护名录，具有极高的科研价值。但作为旅游点，其吸引旅游者人数也许远不如其他项目。绝大多数旅游者不是某一方面的专家，乡村户外体育旅游活动也不等同于专业考察，因此仅仅评价乡村户外体育旅游资源本身的某种价值无法真正反映该资源的市场供需状况。

从根本上看，开发乡村户外体育旅游资源是一种投资和经营行为，乡村户外体育旅游资源评价首先是对其市场价值和经济效益进行评价，其次才是评价乡村户外体育旅游资源的其他价值。仅有经济价值的旅游吸引物是不能称其为乡村户外体育旅游资源的，当然，如果社会对该项资源有其他政治、文化、城市形象和环保等方面的优先需要的话，也可以利用市场价格对项目的产出利润予以增补。这样，对于乡村户外体育旅游资源的评价基本上可以统一到经济价值这一客观评价原则上来。

2. 市场评价法的基本思路与步骤

第一，假设某地的乡村户外体育旅游资源组合成一种旅游产品，并将该种产品近似地看作该旅游地本身。第二，建立吸引强度与空间距离的函数关系。一般来说，该旅游地的吸引强度与该旅游地的空间距离成反比关系。因为从经济角度看，距离与运费成正比关系，因而随着距离增加，需求也随之减少，两者成反比关系。第三，确定旅游地进行乡村户外体育旅游资源开发能够保本的游客需求量。第四，将上述函数关系与保本游客需求量相结合，就可以求出该旅游地的吸引半径和门槛服务范围。所谓门槛范围，是指供应一定量的乡村户外体育旅游产品所要求的最低限度人口所在的地区范围。第五，对旅游地的乡村户外体育旅游资源价值做出评价。如果旅游地吸引物的实际吸引范围比门槛范围小的话,那么该旅游地经济效益低,也可以认为当地的乡村户外体育旅游资源被旅游业利用的价值较低。反之,实际吸引范围越大,则经济效益越高,吸引力也越强,乡村户外体育旅游资源的价值也越大。显然在上述吸引半径和门槛范围的概念中,已经包含了交通条件、配套设施和服务以及地区经济和市场条件。因此,从旅游业角度看,门槛半径(范围)和实际吸引半径(范围)大小可以作为乡村户外体育旅游资源的一种市场评价尺度。

3. 旅游地类型的划分与作用

依据市场评价法还可以对旅游地的类型进行科学的划分。对特定的某个旅游地而言,旅游地的吸引力强度取决于产品供给拉力和市场需求推力两种合力的综合结果。一般来说,旅游地的空间布局可分为资源型、客源型和混合型。如果资源拉力大于市场推力,为资源型;市场推力大于资源拉力,为客源型;而资源拉力和市场推力势均力敌时,则为混合型。当然,在实践中很难区别和比较上述两种力的作用机理,但可从门槛半径(范围)和旅游流的旅游目的构成去进行定性判断,如果门槛半径(范围)较大,旅游流中以单纯的观光型旅游为主,那么该旅游地属于资源型;如果门槛半径(范围)较小,旅游流中出游目的较多元化,则该旅游地属于客源型;介于上述两者之间的则为混合型。

利用门槛半径(范围)和旅游流结构来研究旅游地类型,不仅有利于用市场观念评价旅游资源,而且有助于指明旅游地产品开发的优势和重点。从产品组合的优势看,资源型布局就是指在该种乡村户外体育旅游产品中资源含量较大,交通和基础设施条件较差。客源型则是指该种乡村户外体育旅游产品中资源含量较小,交通和基础设施较好,经济发展水平较高,产品需求量较大;混合型则兼有资源型和客源型两者的优势,但其不利之处在于乡村户外体育旅游业的发展往往容易与其他工业发展产生"主从"难定的关系,从而出现其他工业与乡村户外体育旅游业争地、争资金等矛盾。

总之,在不同的区位条件下,乡村户外体育旅游资源或旅游地的开发方向不尽相同。在资源型地区,与其将开发重点放在建设新景区、新景点,不如将主力放在改善交通和基础设施上,也就是说,这些地区,建设配套设施可能产生的边际经济效益会比直接投资乡村户外体育旅游吸引物或乡村户外体育旅游资源上更好。反之,在客源型地区,新增或"移植"一些人造景观,可能会产生比那些正宗的旅游地更好的经济效益。例如,在客源型地区,山西省太原市娄烦县天池店乡孔河沟村打造的山地自行车项目就是成功的例子。这也就是所谓的"水桶原理":一个水桶的容量是由最短的那一块木板所决定的。显然,资源型地区和客源型地区最短的那块木板完全不同。在客源型地区资源紧缺,即使是人造的、没有"专业"价值的景点或项目,其经济价值往往也较容易实现。

市场评价法也给旅游资源开发提供了一个基本思路,即开发一个地区旅游资源除了考察其规模、数量外,还应了解其市场定位,确定开发"拳头"和"主流"产品。只有"拳头"和"主流"产品才是吸引区外旅游者的主力军。如果不分重点地去开发那些只适合本地居民休闲和游览的景点,就不利于开发中远程客源市场。

四、乡村户外体育旅游资源开发的可行性研究

乡村户外体育旅游资源的开发,必须建立在一定的可行性条件基础之上。因此,乡村户外体育旅游资源的开发必须进行可行性研究,具体包括以下几个方面的内容。

(一)地理位置与交通条件

地理位置是确定景区开发规模、路线选择和利用方向的重要因素,其不仅影响风景的类型和特色,而且影响旅游市场客源。例如,位于北纬约53°的黑龙江漠河镇,由于太阳高度角在全国最低,冬长夏短或基本无夏的气候条件,使之具有中国独具一格的旅游风景资源,如观赏白夜、极光等,被人们誉为"北极村""不夜城"。显然,漠河的乡村户外体育旅游资源属于冰雪体育资源,具有较高的观赏价值。但是,乡村户外体育旅游资源的开发,绝不能只考虑其景观特色,因为景观虽好,而位置太偏远,交通费用太大,时间过长,都会直接影响客源市场。漠河旅游区的最佳观赏时间是在夏至前后短暂的几天,游人相对比较集中,所以数量不会很多。

(二)地域组合条件

1. 主景与配景的组合状况

一个乡村户外体育旅游景区由许多相互关联的景观要素构成,其中一些要素为主景要素,即对景区特色有支配作用的要素,其存在使乡村户外体育旅游景区具有某种特殊的吸引力和感染力。另外一些要素则为配景要素,起衬托、辅助作用,对乡村户外体育旅游景区的体育艺术特色不起决定作用。显然,如果地域组合分散,景点相距遥远,则属主景与配景的空间组合较差的一类,从而降低了乡村户外体育旅游景区的旅游价值。

2. 各类景点的可进入性

位置偏僻,交通不便,可进入性差,就会大大降低乡村户外体育旅游景区的旅游价值,也影响其开发。例如,柯城之所以成为著名的乡村户外体育旅游区,

固然是因为景点相对比较集中,又处在钱塘江上游,山水组合浑然一体,但还有一个重要的原因是其可进入性条件好,故柯城的乡村户外体育旅游资源观赏价值高。又如四川某地打造的乡村户外极限越野游,因位置偏远,交通不便,景点分散,又缺乏联系各景点的水上交通线,人们从东部进入,需要花费较多的时间与旅费,从而影响了它的体育旅游价值。

(三)旅游容量条件

乡村户外体育旅游环境容量包括容人量(人/平方米)和容时量(小时/景点)两个指标。容人量指旅游地单位面积所容纳的游人数量,它是景区用地、设施和投资规模等指标的设计依据。容时量指景区游览所需要的时间,是核定风景区游程、内容、景象、布局和建设时间等指标的重要依据。显然,景点越复杂、越含蓄、越有趣味、耐看性越强,其容时量就越大。相反,一目了然的景象,容时量就小。旅游容量的大小取决于乡村户外体育旅游资源的类型。某些节日庆典、体育文化活动等,无容量限制。

一般自然风光需要给游人留下适当的自由活动的空间,须保持一定安静程度,噪声强度应大大低于日常生活所允许标准(80分贝)。此种情况下旅游容量亦较大,有人建议以50~80人/平方米为宜。这类乡村户外体育旅游资源的容量限制并不是特别明显。

民族体育文化展览这类乡村户外体育旅游资源不仅要充分考虑游人数量对观赏对象和环境的影响,还要考虑游人观赏对景物的要求。因为游人过多,呼吸、体温都会对景区产生不良影响。如观光时,游人一般要驻足鉴赏,品评玩味,寻觅其蕴含的美,因此必须保持环境幽静,保证游人的自由停留时间。如果游人过多,就会使入园者感到腻烦,没有情趣,从而降低了乡村户外体育旅游资源的观赏价值。因此,这类景点的旅游容量限制比较明显。

(四)市场客源条件

客源数量是维持和提高乡村户外体育旅游景点经济效益的核心因素,没有最低限度的游人,风景资源再好,也难以开发和利用。所以调查和预测客源及其数量,是评价景区旅游功能的基本条件之一。在乡村户外体育旅游资源开发的可行性评价中,这是难度最大、准确率最低,也是最能体现出水平高低的一项工作。

客源市场的调查包括多方面的内容,如目标客源市场在哪里,最低限度游客量有多少,游人的季节变化,周边旅游地的竞争情况等。评价新辟风景区时,可以参考附近同类景区已有的调查统计数字,然后根据本景区的实际情况,提出比较合理的估算报告,从中找出客源市场的某些规律。一般而言,不同风景区依其地理位置、景区特色、景点质量、交通条件等吸引着不同国度、不同地区、不同年龄和职业的游人,而不同游人的数量,决定着该风景区的市场。具有世界价值和意义的风景区是国际性市场;具有全国价值和意义的风景区是全国性市场;具有本地区价值和意义的风景区是地方性市场。当然,这也并非绝对,还需要结合具体情况作出符合实际的判断,得出正确的结论。

(五)施工条件

乡村户外体育旅游资源的开发,还要考虑项目的难易程度和工程量的大小,如工程建设条件和地质、水文等。评价开发难易程度的关键是权衡经济效益,其指标包括数量和时间两个方面。前者是开发工程与投资大小的关系,后者是开发工程与受益早晚的关系。因此,对景区的施工方案,必须经过充分的经济技术论证,提出每一项工程的建设技术指标。只有合理地评估施工条件,才能不浪费资金又有可行性的施工效益,这是投资项目财务分析的基本要求。另外,还应分析基本供应设施条件,包括设施的建设条件、食品供应条件、建筑材料条件等,以及项目开发后对当地经济社会的影响。这是投资项目经济分析的基本要求。

(六)投资条件

财力是旅游资源开发的后盾。乡村户外体育旅游景区的资源功能再大,但开发工程修筑设施耗费过多,在现有经济、技术条件下一时还无法解决,那么这个景区就应暂缓开发。开发旅游资源,必须考虑投资条件,也必须通盘考虑近期或远期能够分别投入多少开发资金。另外,随着投资渠道的多元化,不同类型、不同成分的投资单元相继进入项目的开发建设中。因此,对投资条件的分析,还包括对乡村户外体育旅游开发企业的实力评估。

五、乡村户外体育旅游资源开发的内容

(一)树立形象

乡村户外体育旅游形象是旅游地给旅游者所留下的总体感受和印象,也是旅游消费各要素(食、住、行、游、购、娱)服务特色的集中体现。乡村户外体育旅游形象在旅游者头脑中的树立,对其旅游行为的选择和决策有着重要的作用。一个旅游者,从获得信息到购买旅游产品为止,大体经历知名—理解—兴趣—决定的过程。在这里,旅游者对旅游地有一个鲜明的印象非常关键。因此,各个乡村户外体育旅游建设地在旅游宣传中都有意识地构建自身的旅游形象,例如四

川省武胜县的"乡村旅游＋马拉松"、贵州省安顺市的"多彩贵州"、河北省邯郸市的"生态农业＋体育文旅"等。

总之,乡村户外体育旅游资源的开发通常是多项资源的综合开发,开发时要求将各项资源结合起来,形成一个主题。也即通过开发,塑造出一个鲜明的旅游形象。旅游主题形象要具有独特的魅力和准确的定位。

(二)提高旅游地的可进入性

进入性并非指旅游者可由外界抵达该旅游地点,而是要"进得来,出得去,散得开",也就是说,要使旅游者来得方便、在旅游地逗留期间活动方便以及结束访问后离去方便。所以,可进入性事实上是指旅游目的地同外界的交通联系以及旅游目的地内部交通运输的通畅和便利程度。因此,提高可进入性不仅包括陆路、水路和空中通道的基础设施的建设,而且还必须包括交通运输工具的运营安排。

(三)建设和完善旅游设施

1. 建设和完善基础设施

凡是主要使用者为当地居民但也必须向旅游者提供或者旅游者也必须依赖的设施,称为旅游基础设施。它包括以下两种类型:一是一般公用事业设施,如供水系统、排污系统、供电系统、通信系统、道路系统等,以及与此有关的配套设施,如停车场、机场、火车站和汽车站、港口码头、夜间照明设施等;二是满足现代社会生活所需的基本设施或条件,如医院、银行、食品店、公园、治安管理机构等。

2. 建设和完善上层设施

那些虽然也可供当地居民使用,但主要供外来旅游者使用的服务设施称为旅游上层设施。换言之,如果没有外来游客,这些设施就失去了存在的必要,包括宾馆、问询中心、商店、某些娱乐场所等。由于这些设施主要供旅游者使用,必须根据旅游者的需要、生活标准和价值观念来设计建造,并据此提供相应的服务。

(四)旅游点的建设与管理

旅游点是表征具有同一性质可供旅游观赏的基本单位,是构成风景的基本细胞。由于乡村户外体育旅游资源的不同,旅游点的大小与范围不一,也可以由若干个景点组成。

旅游点建设应遵循的原则:首先,旅游点建设应充分考虑自身的个性,建设之前,应对该旅游点的特色进行充分的分析,以明确其建设的方向和重点;其次,旅游点的建设应充分发挥地区优势,内容丰富多彩;最后,旅游点的建设应考虑市场的需求。

六、乡村户外体育旅游资源开发的原则

根据上述分析,可以对乡村户外体育旅游资源的开发原则进行如下归纳。

(一)面向市场、掌握市场

市场条件是旅游资源开发的重要条件之一,是新旧旅游资源开发举足轻重的条件。因此,以市场为导向,是乡村户外体育旅游资源开发的第一原则。

乡村户外体育旅游业是以经济收入为归宿的,一个旅游点若是不能获得必要的经济效益,就等于"吞了投资,建了废物"。但是获得经济效益的基本保证是"客",因为游客是旅游收入的直接提供者。

一定规模的旅游点不能吸引一定规模的游人,它的经济效益就失去来源。旅游点的市场决定于许多因素,如游人的动机和需求,乡村户外体育旅游资源的吸引力,乡村户外体育旅游资源的种类、性质、数量、功能、地理位置、自然环境、交通条件、经营水平、服务质量等。这就要求我们在开发乡村户外体育旅游资源时,注意对市场因素的研究,根据客源市场变化,来调整开发利用的方向、内容和形式。

(二)突出重点,鲜明地突出独特性

1. 个性鲜明、丰富多样

对于一个旅游点而言,具有鲜明的个性,即具有其他旅游点所不具有的特点,是其生命之所在。只有这样,人们才会乐于游览。如灵鹫山国家森林运动小镇以登山、森林越野、汽车穿越为主打特色;丹江口山水公路长走大会则以特色农产品与时令果蔬为沿线农民带去巨大收入。

上述个性不是某一个或两个方面的特征,而是体现于其资源、规划、开发、管理、服务等一切方面的总体特征。因此须因地制宜,在深入调查研究的基础上,找出个性特征,以便在开发时突出它、强化它。在开发中,这一原则主要体现在:第一,尽可能保持原始风貌,任何过分修饰和全面毁旧翻新的做法都不足取。当然,对于那些虽有记载但实物遗迹全不存在的人文资源,在原址复建则另当别论。即使如此,也要注意尽量反映其风貌,而不能以现代的建筑材料和建筑风格取而代之。第二,尽量选择利用带有"最"字的乡村户外体育旅游资源项目,以突出自己的优越性,即所谓"人无我有,人有我佳",例如某项乡村户外体育旅游资

源在一定的地理区域范围内属最高、最大、最古、最奇等。

当然,突出个性并不意味着单调,还必须使旅游点具有丰富多彩的特性,以避免过分单调使人索然无味的状况,增强吸引力。乡村户外体育旅游开发者应努力做到既突出个性,又丰富多样,两者尽可能统一起来。具体而言,应紧紧围绕个性,从各个方面开辟新的旅游项目,挖掘那些常常为人所忽略的项目,这些项目要从不同角度出发来体现,加强个性,例如田耕体验、家庭农场、定向越野、户外自驾、自由轮滑等。总之,突出个性和丰富多彩完全可以统一,而个性又处于主导、支配地位。

2. 突出民族特色,增强地方色彩

猎奇、喜新是旅游者的共同心理,因此越是与其原来所熟悉的环境区别大,就越有吸引力。无论旅游内容、生活方式,还是接待设施、导游服务,都要尽可能具有强烈的民族和地方特点。耗费巨资修建的现代化大型旅游宾馆,可能受到冷落,相反,竹寮、傣楼、蒙古包、葡萄架下的窑洞却受到欢迎。总之,突出民族化、保持某些传统格调正是为了突出自己的独特性,同时也有利于当地旅游形象的树立。

(三)突出重点,通盘建设

1. 突出重点,优先开发

乡村户外体育旅游资源的可开发地及数量很多,不可能都一齐上马。必须确定重点开发城市和地区的重点发展项目,使有限的资金用于急需的地方,这样才能上得去、上得快,见效快,否则容易造成欲速则不达的局面。

2. 着眼未来,分期建设

制定开发计划,固然要抓重点,但是必须有着眼未来、长期建设的总体规划,也即乡村户外体育旅游开发必须纳入各地区发展战略之中。只有在总体发展战略指导下,乡村户外体育旅游业才能把握方向和重点。在今天我国投资规模适度的情况下,尤其要做好乡村户外体育旅游资源的评价工作。坚决贯彻"少花钱,多办事"的经济原则,充分发挥现有乡村户外体育旅游资源的利用率和对其他行业的促进作用。

(四)发展经济,保护环境

1. 带动当地经济发展

在乡村户外体育旅游资源的开发及与此有关的建设工作中,要注意尽量利用本国或当地的原材料,使用本国或当地的技术力量和人员。除非是本国或当地实在不能解决而项目建设又特别需要的,再去求助外援。乡村户外体育旅游资源开发及有关配套建设耗费巨大,大量使用进口物资、技术和外国人员,会使相应数量的旅游外汇收入流失。

2. 尽量避免对环境的破坏

开发乡村户外体育旅游资源的目的是利用,但在某种意义上,对某些乡村户外体育旅游资源,特别是对自然资源和历史资源来说,开发的本身就意味着一定程度的破坏。因此,在开发乡村户外体育旅游资源的同时,应注意着眼于对资源的保护,不能单纯地片面强调开发而不顾对环境的破坏。

七、乡村户外体育旅游资源遭受破坏的原因

对乡村户外体育旅游资源的破坏,究其产生原因,大致可分为以下三类。

(一)旅游者破坏

旅游者在景区超负荷的活动及各种违反社会公德的行为,给环境造成多方面的破坏。

第一,游人过量,加剧了土壤板结化,造成古树死亡。广西某地原有古树三千株,大多植于元、明、清三朝,被人们誉为"活文物",但由于游人在户外体育旅游时踏实土地,造成板结状态,使古木根不能正常吸收水分和营养而逐渐枯亡。

第二,建筑物承载游人过多。如浙江某乡村在旅游旺季,每天平均接待5 000人次,超过了可接待容量的2倍。

第三,乱扔废物。如废罐公害问题,日本每年有10亿个废罐头瓶被抛到乡村,仅处理费用一年就用去3亿日元。

第四,旅游者不道德的行为。如攀木摘花,驱散益鸟,使生态环境质量下降,还有在景区乱涂乱刻或公开破坏等。

(二)管理不善导致的破坏

这是造成乡村户外体育旅游资源破坏的最主要的原因,具体包括如下几方面内容。

首先,一些管理部门由于缺乏保护知识,随心所欲地改造、翻拆,有的还添加许多现代建筑设施,结果降低或完全丧失了旅游地的文化价值。如贵州某地的民族村落加设现代建筑损坏了民族建筑群的艺术价值。

其次,一些建筑物与体育文化古建筑不协调,与景观氛围不一致。我国体育文化建筑艺术的特点之一是讲求建筑与周围环境的和谐统一,特别是以群体效果体现其体育艺术价值的古建筑群,更有其严密的逻辑性,破坏其某些局部,就

损坏了其群体价值。例如,山西晋城某乡村私自建了一些超标的建筑物,古村特色受到了不同程度的损害。

再次,管理不善或根本无人管理。不少珍贵体育文化遗产被少数牟取私利、缺乏公德的人所破坏或盗窃。如建筑材料被拆走,文物被倒卖,遗址被改建,林木被砍伐等。

最后,一些乡村户外体育旅游企业在资源开发时不是考虑与景区环境的协调,而是"逢山开路,遇水搭桥",随意大量增加人工内容,使景区的氛围、格调、布局等发生了重大变化。

(三)其他因素破坏

1. 自然因素

主要是受地震、火山爆发、洪水、地基不均衡下陷、酸雨侵蚀、流水侵蚀以及含有各种化合物的空气腐蚀等影响。意大利五渔村拥有许多美轮美奂的古建筑,但目前正在遭受流水侵蚀和空气侵蚀,腐蚀速度不断加剧。地方政府组织工程人员铺设管道,从阿尔卑斯山引来清水,防止下陷,同时搬迁附近工厂,清除污染源。

2. 不合理的垦殖活动

安徽九华山的九华盆地,四周山上原为保存完好的森林覆盖,郁郁葱葱,到20世纪70年代只留下小片残林,其余尽遭砍伐,垦为农田。原来好似"天河挂绿水"的秀丽"九芙蓉",变成光秃秃的山岭。后来,有关部门制定了九华山规划,让住户迁至山下,以尽快恢复原来秀丽的景色。

3. 工业"三废"污染

工业企业的"三废"污染,已使许多优美的自然环境和景区生态平衡遭到破坏,美丽迷人的海滩变成垃圾场。

"三废"不仅污染风景区的水,而且使大气增加了二氧化硫、二氧化碳以及其他酸类化合物,再通过空气这一媒介,间接地侵蚀各种文物古迹。例如希腊某地的具有体育文化价值的巨柱,历经地震和战争都未倒塌,但现代的化学云、酸雨侵蚀,却使它发生剥落。希腊文物管理者因无好的保护办法,只好将巨柱移至附近博物馆。

八、乡村户外体育旅游资源的保护措施

总结国内外乡村户外体育旅游资源保护经验教训,可以对乡村户外体育旅游资源的保护措施概括如下。

(一)建立旅游资源保护管理机制

首先,成立和健全乡村户外体育旅游景观的管理机构,加强风景环境保护。如瑞士为防止风光和文化传统被破坏,在20世纪80年代便成立了乡村户外体育旅游委员会,目的在于"保持传统,以质取胜"。

其次,制定各种乡村户外体育旅游环境保护法规。包括两种类型,一是景区管理条例和保护办法;二是结合文物保护,建立相应的管理和保护办法。

最后,将保护乡村户外体育旅游资源列入国家或地区旅游发展战略规划。亦即在做乡村户外体育旅游规划时,要同步制定保护措施。两者都应当列为战略规划,加以全面考虑。

(二)建立国家自然保护区和国家公园系统

自然保护区既是生态系统科研教学基地,又是一种极好的乡村户外体育旅游资源,是未经人工雕琢和加工的自然风景区,可以在保护的前提下,逐步开辟为自然体育公园。

为了维护生态平衡和保障乡村户外体育旅游环境质量,许多国家和地区都在致力于自然体育公园与国家体育公园系统的建设工作。自然体育公园以保护生态为主要功能,保护生态实质上就是保护自然风景资源,具有促进体育人文景观完善的作用。国家体育公园系统主要以开放为主要功能,对自然环境和生态系统也有保护作用。两者相互结合,可以使一个国家获得一定面积的生态保护地。一般以这种保护面积占国土总面积的百分比作为衡量该国自然保护事业以及整个科学文化、现代化水平的重要标志。

(三)建立保护区与视觉保护"通廊"

1. 体育文化遗产保护区的划定

按照体育文化遗产被破坏的特点以及世界各国的保护经验,文化遗产保护区可分为以下几种类型:一是自身占地范围的保护区,或称"禁建区""绝对保护区";二是要求环境安全,并进行建筑控制的一般保护区,亦称环境保护区;三是空间"视廊"的保护区;四是具有历史价值的成片街区和保护区。这四种保护区,各有相应的保护内容和职责,保护级别和范围也不相同。一般来说,保护区可分为两级:一是重点或绝对保护区,二是环境控制的一般保护区。

2. 视觉保护

一方面,体育文化遗产及其与周围环境相结合所形成的空间,是人们观赏的主要对象。另一方面，人们的观赏活动一般由两方面构成：一是观赏对象本身的空间构图质量和环境质量；二是观赏者所处的位置（静态的观赏点）、范围和路线（动态的观赏点）。因此，一切规划设计任务就是使上述两个条件协调配合，以获得最佳的观赏效果。

在观赏范围和路线都比较理想的条件下，观赏对象的空间构图质量和环境质量应满足的条件是：第一，最大限度地保持经过历代修葺的结构和格局特点，以充分显示当时社会生产力发展水平的真实情况，因此维修的原则应是"修旧如旧"，不改原貌。第二，最大限度地保持原有的空间环境气氛，如绿化、铺地、小品、交通线等，保持这些是为了给人们提供了解当时社会、政治、经济、文化、习俗等方面的"本色"。第三，一些体育文化遗产存在的意义是为了丰富现代城市的景观，其自身的保存也限于外部美丽的造型。现代建设的设计要受该体育文化遗产的制约，并需要与体育文化遗产完整和谐地融成一体。

体育文化遗产观赏的景外视点主要是视线通廊（简称"视廊"，也称"视觉走廊""视觉空间"）的保护。空间"视廊"是体现古城风貌特色的主要手段之一，单幢的或群体的体育文化遗产尽管自身保护得很好，但如果它们之间不能与道路、广场、绿地构成直接或间接的关系（特别是空间视觉的联系），那就仍然不能给人们完整的古城印象。因此，加强体育文化遗产"视廊"的保护非常重要。

"视廊"的保护主要靠适当调整建筑布局，即调整"视廊"地带上的建筑，布局地面建筑物少或小的单位，例如体育场、停车场等。至于具有园林的乡镇，通过建筑高度适宜控制、建筑布局的错落有致来保护"视廊"良好风貌就特别重要。

（四）因地制宜采取保护措施

首先，以自然风光为主体的景区，应采取多种措施保护生态系统。如瑞士政府规定全国森林面积不得少于总面积的24%，然后州、县分别根据原林地面积制定具体保护、更新森林的各种措施，使境内山林青青，生态平衡。

其次，山地旅游点必须注意污水排放。山地开辟为户外体育旅游点后，随着游人的到来，必然涉及废水、废物等污染源的处理。目前已出现了一些比较成功的经验，如法国的圣西尔拉波皮耶是一座新发展起来的乡村户外体育旅游胜地，四周有不少著名的高山风景区。这里的人们为解决旅游带来的污染问题，投资在最高峰顶上建了一套自动化污水净化设备。净化污水一般采用三次过滤法，即先作机械处理，然后是生物净化，最后是化学消毒。经三次处理，污水净化程度达96%，这时才向农田、河流、山坡排放。污水净化出来的沉淀物，定时挖掘出来当作肥料。我国灌县玉垒山公园是都江堰风景名胜区中新开发的户外体育旅游点，占地26.4公顷。为了解决主要排污问题，景区在半山腰修建了具有先进排污设备的沼气厕所。粪便处理后,由专用管道输往山下,既消除了粪便臭气,又解决了人工掏粪运送下山的难题。沼气还可作为燃料使用,消除了煤烟造成的污染。

再次,古老乡村建设应坚持保持原貌、设施现代化与项目传统相结合。设施尽可能添加现代化设施,但项目要兼具传统特色。一些乡村因采取了这些保护措施,保持了原来的风貌。这是乡村户外体育旅游开发中"整旧如旧"的典范。

最后,在旅游者高度密集的地区,应适当控制人数。这类地区重点应放在保持传统,以质取胜,这是乡村户外体育旅游资源得以保护的重要课题。游人过多带来的弊病,前面已做了分析。荷兰对此很早就有认识,1980年以前就提出了"保持体育文化传统,注意环境保护,数量不求大发展,重点在提高服务质量"的"荷兰乡村户外体育旅游观"。这一旅游观的核心思想是:保护传统,以质取胜。我国乡村许多趋于饱和的户外体育旅游点,重心应放在优质服务上,而不是去吸引饱和的游客。因为游人超限,破坏因素也愈强,对乡村户外体育旅游资源保护愈不利。

(五)落实保护职责

虽然各旅游地的管理体制不尽相同,但一定要有具体部门来执行保护工作。对于破坏旅游资源的违法行径,要敢于按照各种法规,给予必要的行政处罚和经济处罚,对造成旅游资源严重破坏的,要追究有关人员的法律责任。

第二节 乡村户外体育旅游活动与社会

旅游是社会经济文化现象,也是社会内容的组成部分。构成旅游的三要素是旅游者、旅游资源和旅游业。作为旅游的重要组成部分,乡村户外体育旅游也不例外,了解乡村户外体育旅游活动与社会的关系是我们发展乡村户外体育旅游、搞好乡村户外体育旅游的前提和基础。

一、旅游活动的界定

旅游是旅行与游览的结合,其中游览是旅游的目的,旅行则是实现这一目的的手段。旅游活动,就是以游览为目的的旅行。广义的旅行活动是包含游览内容在内的各种目的的旅行,如体育旅游、商业旅游、会议旅游及各种专业旅游等。它们的目的虽然各异,但都不同程度地包含着游览与娱乐的内容,因而都属于旅游的范畴。1981年世界旅游组织编印的《国内国际旅游统计收集与呈报技术手册》提出,凡有下述旅行目的的人均为旅游者:度假、商务、健康、学习、公务或会议、探亲、访友、体育及其他。狭义的旅游活动是指以游乐为主要目的的旅行，它包括参观、游览、娱乐、消遣等游乐旅行活动。

二、旅游活动与社会的关系

无论广义的旅游活动还是狭义的旅游活动，从其社会性质来说都是一种社会经济和文化活动，即通过旅游者的流动表现人们对旅游这种社会文化生活的追求与社会满足这种需求的关系。具体来说，它反映了如下几种关系。

（一）人与自然的关系

人与自然的关系，表现为两种形式：一是指人生活在自然环境中，随着自然条件的变化会产生从一地到另一地的要求。二是指登山旅游、滑雪旅游、探险旅游等体育旅游中，以探险、挑战、刺激、自我价值的实现与自然环境的对话，自然环境越是恶劣，人们旅游的兴趣越浓，具有越是艰险越向前的气魄。

（二）人与社会的关系

旅游活动是社会活动的一种，一方面旅游者的衣、食、住、行、购物都需要得到社会有关行业的支持与配合；另一方面旅游者的行为又会对社会许多方面产生一定的影响。这两方面都是旅游活动过程中人与社会之间相互作用的反映。

（三）人与人的关系

人与人的关系更是一种社会关系，旅游活动的一个突出特点是它大量地表现为各种旅游服务的提供。在服务过程中，人们之间直接接触、间接接触，双方的思想、道德、性格、价值观念以及兴趣与爱好，均会通过服务的接触与相互的行为表现出来。由此可见，旅游活动反映的关系是广泛的，既包括旅游者同自然、社会的关系，又包括人们之间的相互关系。

三、乡村户外体育旅游资源、设施与服务

（一）乡村户外体育旅游资源

乡村户外体育旅游资源是乡村户外体育旅游的客体，是发展乡村户外体育旅游业的基础。凡是能够激发旅游者的旅游动机，为乡村户外体育旅游业所利用，并由此产生经济效益与社会效益的因素，均称为乡村户外体育旅游资源。乡村户外体育旅游资源作为乡村户外体育旅游业发展最重要的物质基础和前提条件，在各种各样的资源当中属于比较特殊的一类。

一般来说,归纳为以下几种。

1. 自然型的乡村户外体育旅游资源

天然赋予的或经人工稍加整理加工的,主要用以实现自然体育旅游活动的自然资源都可以成为自然型的乡村户外体育旅游资源,如山丘、湖泊、河流、海滨、温泉、沙漠、森林、岩石、冰雪等。就山脉而言,据不完全统计,我国境内一级山脉有4条,二级山脉有16条,长度均在500千米以上。20条山脉的最高峰中有5条已被我国运动员征服,有的是与国外登山运动员联合征服的。丰富的自然资源为我国的乡村户外体育旅游业提供了保证,如攀岩、野营、越野、登山、漂流、滑雪、滑翔、水上运动、定向运动、潜水、穿越沙漠等自然体育的物质基础都是自然型的乡村户外体育旅游资源。

2. 人文型的乡村户外体育旅游资源

人文型的乡村户外体育旅游资源是指能够吸引人们进行乡村户外体育旅游活动,满足人们体育文化精神需求的古今人类所创造的物质和精神财富的总和。它包括两种形式:一种是利用人类文化的物质和精神财富开展乡村户外体育旅游活动,是把乡村户外体育活动与旅游活动相结合的产物。如浙江省新昌县梅渚村举办的"浙里诗路"2020浙江省美丽乡村定向越野赛。另一种是通过挖掘体育文化的物质和精神财富开展的乡村户外体育旅游活动,是体育文化的旅游活动价值体现。体育的发展经历了一定的历史阶段,凝聚着人类精神和智慧,包含着丰富的文化价值,特别是我国传统的乡村户外体育,其有着悠久的历史和丰富的内涵,人文资源相当丰富,开发潜力极大。目前,有些地方已成功地举办了这方面的户外体育旅游活动,如安吉乡村体育文化节、培福村农民体育节、东安武术节等。利用我国丰富的人文资源开展乡村户外体育旅游活动是我国今后乡村户外体育旅游业的一个发展方向。

3. 可开发的乡村户外体育旅游资源

这是指结合不同的体育旅游项目来开展乡村户外体育旅游活动。从当今体育旅游发展的现状来看,可开发的乡村户外体育旅游资源可分为以下几种:一是竞技性的乡村户外体育旅游资源,如汽车、摩托车越野赛、拉力赛等;二是休闲娱乐健身性的乡村户外体育旅游资源,如滑雪、骑车、骑骆驼等;三是具有民间特色或传统文化的乡村户外体育旅游资源,如风筝节、龙舟赛等;四是利用大型运动竞赛开发的乡村户外体育旅游资源。这是指在大型运动竞赛举办期间,一方面组织各地的观赏型旅游者来观看比赛盛况;另一方面开发与运动竞赛有关的其他旅游项目,来吸引这些观赏型旅游者,如体育邮票展览、体育乡村版画展览等。

(二)乡村户外体育旅游设施

1. 乡村户外体育旅游设施及其分类

乡村户外体育旅游设施是为接待旅游者而建设和提供的各项设施、设备的总和。乡村户外体育旅游设施可分为两类:一类是为旅游者的食、住、行、购等活动提供服务的宾馆、饭店及各种旅游用品商店等;另一类是为适应和满足旅游者不同目的及爱好而提供的设备及体育专用设施和用具,如登山要有相应的服装,绳索,急救、通信设备等;水上运动则要有划艇、赛艇、浴场、赛场水域、游泳池、医院和急救车辆等;自行车运动要具备赛车、跑车、休闲车、救护车辆、开道车等。其他各种乡村户外体育旅游活动均需要提供相应的设备条件。基本的体育设备是开发乡村户外体育旅游经营活动的重要前提。

2. 基础设施的构成

基础设施是乡村户外体育旅游业的组成部分之一,是乡村户外体育旅游业重要的物质基础条件,它的状况直接影响着乡村户外体育旅游业的健康发展。对基础设施的投资,属于宏观乡村户外体育旅游业经济效益中生产消耗或乡村户外体育旅游成本的投资,是宏观经济效益分析的主要因素。一般来说,基础设施主要包括道路交通、排水工程、供热供电、通信、广播电视等。基础设施同样也是构成乡村户外体育旅游市场的重要组成部分。同样,基础设施也是构成乡村户外体育旅游产品及乡村户外体育旅游产品实现货币交换、乡村户外体育旅游企业获得利润的保证,在整个旅游的食、住、行、购、游、娱等因素中,有着不同的作用。

(三)乡村户外体育旅游服务

乡村户外体育旅游服务是乡村户外体育旅游活动经营管理者利用一定的设施或其他条件,为旅游者在整个乡村户外体育旅游过程中提供的各种服务的总称。乡村户外体育旅游服务还包括为满足旅游者的体育需求而提供的指导性服务,这种指导性服务是专业性的服务,对于参与性及观赏性的旅游者来说都应受到专业性的指导和服务。乡村户外体育旅游业的特点之一是向旅游者提供各种服务产品和服务性劳动。一个旅游者来到异地,在整个旅行游览过程中,要和众多的部门、单位发生直接和间接的联系。乡村户外体育旅游经营单位和其他有关的部门都应做好每一项服务工作,努力提高服务质量,使每一个旅游者都受到热情周到的服务,使之高兴而来,满意而归。

第三节　乡村户外体育旅游者相关研究

乡村户外体育旅游是现实社会中的一个精神和物质系统,是一种综合的社会经济文化现象。旅游者是乡村户外体育旅游活动的主体,在乡村户外体育旅游活动中占有重要的地位,是乡村户外体育旅游开发设计的消费者及被服务主体,研究旅游者及其产生的原因是乡村户外体育旅游设计开发的首要问题。

一、旅游者的概念

(一)国际旅游者

当今世界上大多数国家使用的国际旅游者定义是1976年联合国统计委员会所确定的,具体内容如下。

下述几类属于游客:其旅行目的是娱乐、医疗、探亲、运动、会议、学习或过境、入境的人;中途停留的乘客;逗留时间不到1年的外国商业或企业人员,包括安装机器的技术人员;国际团体雇用不超过1年的雇佣者或回国短暂停留的侨民。

下述几类不属于游客:为移民或获得一个职业而进入其他国家的人;外交人员或军队人员;隶属于上述分类的任何人员;避难者、流浪者或边境往来人员;逗留时间超过1年的人。

我国国家统计局针对我国的具体情况,对国际旅游者和非旅游者做了如下明确规定:国际旅游者是指来我国参观、旅行、宗教、探亲、运动、会议、学习、考察或从事贸易等的外国人、外国华侨、华裔和港、澳、台同胞。非旅游者包括下列八种人:应邀来访,由部长以上人员率领的党、政、军队、议会代表团人员;外国驻华使领馆人员;来我国常驻的外国专家、留学生、记者等;乘坐国际航班直接过境的游客、机组人员和在口岸逗留不过境的铁路员工以及船员;边境往来的边民;归国定居的华侨,港、澳、台同胞;到我国定居的外国人员出境后又返回我国定居的外国侨民;归国的我出国人员。

(二)国内旅游者

根据国际旅游组织的定义,国内旅游者是指在本国某地的旅行超过24小时而少于1年的人,其目的是娱乐、度假、运动、商务、会议、学习、探亲访友、健康或宗教。国内短途旅游者是指基于上述任一目的在旅游目的地逗留时间不超过24小时的人。

西方国家关于国内旅游者的定义类型较多,美国国家旅游资源考察委员会指出,国内旅游者是指除工作外基于任何目的离家旅行至少80千米的人,不论旅行时间多长。加拿大政府部门在划分国内旅游者时使用的定义:指离开其所居住区边界至少50英里以外去旅行的人。英国在国内旅游统计方面所强调的是必须在外过夜,而不管旅行的距离如何。英格兰旅游局在每月一度的英国旅游调查中对国内旅游者的定义是:基于上下班以外的任何原因,离开居住地外出旅行过夜至少一次的人。至于外出旅行的距离则未做任何明确规定。

我国关于国内旅游者的定义是:在国内异地旅游活动的人员。在实际统计中,其数字统计往往指旅游地的接待人数,以旅游地宾馆、饭店的接待人数,景点门票销售量、交通部门的旅客统计数和旅行社等专业性旅游服务部门的接待统计数加以说明。

旅游是由旅游主体(旅游者)、旅游客体(旅游资源)和旅游媒体(旅游业)三个基本要素构成的。旅游者是旅游活动的主体。它是旅游业产生、发展的客观依据,又是旅游业服务的主要对象和开拓经营的基本出发点,同时还是旅游业获得经济效益、社会效益和文化效益的主要依托,是各种旅游企业赖以生存的基本条件和发展前提。旅游者一词最早的意思是"以观光游览为目的的外来游客"。后来,学者们提出了不少新的见解,最为公认的定义为:旅游者是暂时离开常住地,在异国他乡逗留一定的时间,进行旅行和游览而达到精神上和物质上享受的人。

二、旅游者特点

旅游者是旅游系统中三大要素的基本要素,是旅游的主体,是旅游行为的执行者。根据对旅游定义的理解和旅游活动自身的特性,作为旅游主体的旅游者应具备以下特点。

(一)异地性

对于旅游者而言,其旅游目的地均为异地他乡。这不仅要求旅游者自身具有一定的自然和人文的环境适应性和心理承受力,如对旅游地的气候、地形等自然条件和饮食、习俗等人文环境能够接受适应,而且要求旅游地能够为外来者提供必要的生存条件。

(二)享受性

这也是旅游者的最终目的,由其旅游动机所决定。无论是观光旅游、探险旅游,还是体育运动、度假休养、文化交流等,其最根本的追求是满足一种心理或生理的需要,使身心得到愉悦的感觉。

(三)消费性

旅游是现代社会人们的一种特殊的生活方式,旅游者通过花钱得到享受,这不仅要求旅游者具备一定的经济负担能力,还要求旅游地能够提供相应的旅游服务,以迎合旅游者的消费需求,同时,消费水平决定了旅游层次。

(四)业余性

旅游者是在工作之余进行旅游活动,所以余暇时间的有无及长短,影响旅游者旅游动机及行为。

(五)地域性

旅游者由于所处自然环境、经济水平、社会制度、文化修养、风俗习惯等不同,具有明显的地域性,这不仅导致各地旅游者旅游动机的差异性,而且直接关系到旅游地旅游影响的辐射范围。

三、旅游者产生的客观原因

旅游是一种社会经济文化现象,社会经济状况是决定旅游活动的重要条件。一个人成为旅游者,只有在一定社会物质条件下才能实现。而可自由支配的收入和余暇时间则是两个主要条件,是影响一个人能否成为旅游者的最重要的客观原因。

(一)可自由支配收入

经济学认为,可自由支配收入是指扣除全部纳税和社会消费(如健康、人寿保险、老年退休金、失业补贴的预支等),以及日常生活的必需消费(如衣、食、住、行等)之后所剩余下来的收入。对一个潜在的旅游者来说,有无旅游能力要看他的家庭收入水平。一个人能否实现旅游以及旅游时间的长短、目的地路程的远近、旅游消费的水平,最终取决于他的可自由支配的收入。

(二)余暇时间

所谓余暇时间就是个人从工作、岗位、家庭、社会事务中解脱出来的时候,为了休息、消遣,培养与谋生无关的智能,自发地参加社会活动和自由发挥创造力,是随心所欲活动时间的总称,即可以自由支配的时间。余暇时间的多少及其支配方式,是反映生活质量的重要标志之一。缩短工作时间,增加余暇时间是发达国家的普遍趋势,也是增加包括旅游在内的各种精神享受的必要条件。旅游是余暇时间内最理想、最令人满意的活动。旅游是一项综合性的活动,人们可以利用旅游满足一切要求,把休息、消遣、娱乐、自我启发贯穿其中。余暇时间是一个人成为旅游者的又一个基本条件,在客观原因中占有举足轻重的地位。总之,可自由支配收入、余暇时间、身体状况和家庭状况等构成旅游者产生的主要客观原因。

四、旅游者产生的主观原因

一个人具备客观条件后,不一定就去旅游。最终成为旅游者,还必须有旅游动机这一主观原因。

(一)旅游动机

动机,就是激励人们行动的主观因素。旅游动机是指激励人们去实现旅游,以及到何处去、作何种旅游的心理原因,常常以愿望、兴趣、爱好、猎奇等需求形式表现出来,从而促使产生旅游行为。为什么需要产生旅游动机呢?根据马斯洛需求层次理论,人的精神发展过程中所占支配地位的需要可分为五个层次:第一,生理需要,即饮食、呼吸、睡觉等;第二,安全需要,即良好的治安、社会秩序、保护等;第三,社交需要,即情感(友情、爱情、亲情)、集体荣誉感等;第四,受尊重的需要,即自尊、声望、成功、成就等;第五,自我实现的需要(如图2-1所示)。

具体的旅游动机产生至少需要具备三个条件:一是旅游主体对旅游活动的需求;二是要有符合旅游主体需要的旅游客体;三是旅游主体对旅游客体的心理追求。因此,有针对性地进行旅游营销,才能激发同层面需求的旅游者的动机。

(二)形成旅游动机的因素

形成旅游动机的因素可分为两个方面:心理因素和具体因素。

1.心理因素

旅游的动机往往产生于多种因素,其中心理因素起着重要的作用,主要有以下几种:①求新,寻求新奇感即变换原来熟悉的生活环境和生活方式,追求多方面的兴趣。②求知,增长知识、开阔眼界,精神生活上得到进一步的满足。③寻求自我价值实现,希望生活更充实、更有成就,受人赏识和尊敬,有一定的社会地位和声誉。审视帕洛格心理类型模式(如图2-2所示)可看出,自我中心与多中心型处于两个极端,人数很少,中间型人数最多,近自我中心型和近多中心型处于两个极端类与中间型之间,人数介于两者之中,整体呈正态分布。这五种类型的旅游者表现出不同的心理特点:自我中心型的人,其特点是思想谨小慎微、多忧多虑、不敢冒险,喜欢轻松、安逸、熟悉的气氛和活动,多选择著名的旅游胜地和适应的交通工具;多中心型的人思想开朗、兴趣广泛多变、喜新奇、好冒险,喜欢与不同文化背景的人相处,这类人外出旅游的可能性最大,往往是体验新旅游产品的先驱者,是旅游军的先驱部队;中间型的人表现特点不是很明显,既不喜欢冒险,也不害怕旅游;近自我中心型的人和近多中心型的人的特点,分别属于两个极端类型与中间型之间,略倾向于各极端特点的过渡类型。

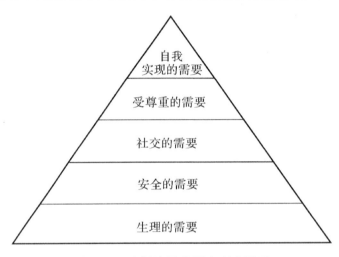

图 2-1　马斯洛需求层次理论图示

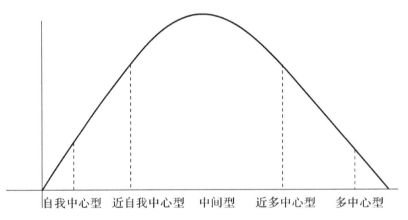

图 2-2　帕洛格心理类型模式

旅游动机精神需要的提出,旨在试图解释大众需要旅游的根本原因。实际上这些精神需要可以以各种需要的方式反映出来。而一旦这些需要被人们认识到,便会以动机的形式表现出来。然而,由于国籍、民族、职业、年龄和性别以及文化程度等因素的影响,人们的这类需要多有不同,从而导致人们直接的旅游动机也多种多样。国际普遍认可的旅游动机具体分为四种类型:第一,身体方面的动机。包括度假休息,参加体育活动、娱乐活动、保健活动等。另外还包括遵医嘱或建议做异地疗养,洗温泉浴、矿泉浴等疗养活动。第二,文化方面的动机。这方面的动机的特点是,希望了解异国他乡的文化艺术等。第三,人际交往的动机。包括接触异族他乡人民,探亲访友,逃避日常琐事,结交新朋友等。第四,地位和声望的动机。这方面的动机主要关心个人成就、个人发展的需要,属于这类动机的旅游包括事务、会议、考察、研究、追求业余爱好及求学等类型的旅游。旅游者通过旅游可实现自己想要受人承认、引人注意、受人赏识、获得好名声等愿望。实际上,人们外出旅游很少只是出于一个方面的动机。由于旅游是一种综合性的社会文化经济活动,可以满足人们的多种需要,因而人们在外出旅游时除怀有一种主要的动机外,往往还会涉及其他一些方面的动机。

2.具体因素

青年人易于接受新思想、新事物,有求新、求知的欲望,身体条件好,喜欢体育旅游。但是青年人缺少充裕的收入,大多进行低档次的旅游;中年人事业有成、经济条件良好、体力尚未减弱、余暇时间少,社会地位和身份要求他们进行较高档次的旅游;老年人时间充裕、经济条件好,只要身体状况允许,喜欢去清静、交通方便的旅游地,参与运动量小的旅游项目。另外,教育程度、性别也是形成旅游动机的具体因素。

第四节 乡村户外体育旅游策划及管理

一、乡村户外体育旅游策划研究内容

乡村户外体育旅游作为体育旅游市场的有机组成部分,其发展在一定程度上取决于整个体育旅游市场的发展状况和体育旅游业的发展状况。开展乡村户外体育旅游活动,要从体育旅游产业及体育旅游的实际出发,才能使乡村户外体育旅游活动得以拓展。从目前实际发展现状来看,乡村户外体育旅游的策划活动应研究以下几个方面的问题。

(一)时间选择

有些乡村户外体育旅游产品具有时间季节性,根据不同的季节安排和提供

不同的乡村户外体育旅游产品,是开展乡村户外体育旅游经营活动的重要原则。滑雪和登山运动有明显的季节性,选择适应的时间,才能吸引更多的旅游者。一般来说,登山运动要选择夏季,而滑雪运动则选择冬季最为适宜。时间的选择还有另一层意思,即不要错失良机。各种类型的重大国际、国内体育比赛是开展乡村户外体育旅游的良好机会,时间一旦错过或滞后,乡村户外体育旅游市场随之消失。

(二)空间选择

适当选择确定空间是开展乡村户外体育旅游活动的又一重要原则。一般地来说,乡村户外体育旅游项目的场地选择要因地制宜,以满足旅游者的需求为准。从国际旅游者来看,西方国家的旅游者多是怕热不怕冷。另外,以当今科学技术发展来看,御寒是更容易做到的。再则,从心理学来说,酷热容易引起烦躁不安或乏力无味的感觉,而冷可以使人精神抖擞、激情倍增。从以上特点来说,北方地带开展乡村户外体育旅游项目有较大的余地。空间的选择也包含另一层含义,即乡村户外体育旅游所在地的自然和生态环境应得以保护和发展,项目的确定空间要尽量避开工业区,嘈杂、污染严重的工业区会影响旅游者的情绪。

(三)要有特色

无论是参与型的旅游者还是观赏型的旅游者,从其乡村户外体育旅游消费心理来说多数都是为了达到某种"新奇""刺激"的消费满足。所以,越具备"新奇""刺激"特色的乡村户外体育旅游项目就越能吸引旅游者。因此,除了一般的乡村户外体育旅游项目外,那些本地独一无二的特色乡村户外体育旅游项目就更具有吸引力。乡村户外体育旅游经营单位要注意开发与拓展具有特色的乡村户外体育旅游业务,这样才能以"奇"制胜、以"特"制胜,争取到更多的旅游者。

(四)业务拓展

乡村户外体育旅游在我国发展时间不长,研究工作尚处于萌芽状态,众多的乡村户外体育旅游资源还没有被开发和利用。因此,有关部门要广泛宣传,不断拓展乡村户外体育旅游的经营业务,注重国内外乡村户外体育旅游的开发。这不仅是指积极地组织国外旅游者到我国境内来参与乡村户外体育旅游活动,而且也包括组织国内旅游者到异地参与乡村户外体育旅游活动。只有这样,乡村户外体育旅游市场才能不断拓展,乡村户外体育旅游业才能得到更好的发展,经营单位的效益才能不断提高。

二、乡村户外体育旅游管理应注意的问题

乡村户外体育旅游业作为体育旅游产业的重要组成部分,其发展状况和发展速度对我国第三产业的进程和发展具有重大的影响。因此要加强对乡村户外体育旅游活动的管理,以保证其健康稳定地发展,对乡村户外体育旅游活动的管理要注意以下几个方面。

(一)在国家有关行政部门的领导下进行

乡村户外体育旅游是以我国乡村户外体育旅游资源为基础的,同时乡村户外体育旅游业也是国家体育旅游产业的重要组成部分。因此要把乡村户外体育旅游发展规划纳入国家体育旅游业的发展规划乃至整个国民经济的发展规划之中,从而使乡村户外体育旅游业的发展为国家体育旅游业发展助力,促进整个国民经济的发展。

(二)不组织不符合我国法律的乡村户外体育旅游活动

目前世界上乡村户外体育旅游项目层出不穷,特别是一些极其危险和刺激但不合我国国情的旅游项目,虽然能够吸引众多的旅游者,但不宜引进。另外,在乡村户外体育旅游活动中要加强管理,严禁和杜绝各种违法活动存在,以维护我国乡村户外体育旅游业的良好形象,让其健康地发展。

第五节　乡村户外体育旅游经营单位的内外环境

乡村户外体育旅游经营单位是指从事乡村户外体育旅游商品生产和经营活动的自主经营、自负盈亏的经济组织。乡村户外体育旅游经营单位的经营活动不是孤立地进行的,而是与外部环境发生着各种各样的错综复杂的联系,并受外部环境的制约。所以经营单位要搞好经营活动,了解经营状况,首先要进行经营单位内外环境的分析和研究,搞清当前和将来经营单位所处经营环境的状况,把握经营单位发展的有利条件,对经营单位正确决策、长期稳定地发展,有非常重要的意义。

一、乡村户外体育旅游经营单位的外部环境

从乡村户外体育旅游经营的角度来看,外部环境是指那些与乡村户外体育旅游经营单位有关联的外界因素的集合,包括直接外部环境因素和间接外部环

境因素两大类。

(一)直接外部环境因素

直接外部环境因素是指和乡村户外体育旅游经营单位有直接联系的,能给经营单位的经营活动带来直接影响的环境因素,也称为市场环境因素,它包括以下内容。

1. 体育市场需求因素

在商品经济条件下,外部环境向乡村户外体育旅游经营单位提出的消费需求主要是通过乡村户外体育旅游市场表现的,包括实物型消费需求和劳务型消费需求。随着社会经济的不断发展和社会购买水平的不断提高,社会对乡村户外体育旅游的消费需求将不断增长。不断深入地分析和研究乡村户外体育旅游市场、乡村户外体育旅游消费需求的状况及变化趋势,对于促进乡村户外体育旅游业的发展,满足旅游者对乡村户外体育旅游活动的需求,改善经营管理水平,提高经营的效益,都具有十分重要的意义。

2. 竞争因素

竞争因素是指与经营单位平行存在或可以相互替代的各种外部竞争对手。竞争因素的分析,旨在了解主要竞争对手的实力和特长,发现潜在的竞争对手,了解对本单位经营活动的威胁,内容包括竞争者的基本情况、竞争能力、发展方向等。其中竞争者的基本情况,主要是了解国内外特别是本地区经营同类项目的乡村户外体育旅游经营单位的数量、分布、所属关系、经营规模、经营效益及市场占有率等。竞争者的能力分析包括竞争企业的规模、资金拥有量及来源、竞争对手的经营项目构成、市场占有率、销售增长率及价格、服务方式、销售网点、促销手段、领导层的素质及员工的文化水平等。竞争者的发展动向分析,主要是了解竞争者的竞争能力变化趋势,可能开辟的新市场和新项目,可能采取的市场营销组合策略,新项目开发的方向、进程以及投入市场后可能产生的影响及竞争趋势等。潜在竞争者的调查,主要是了解加入竞争和可能加入的竞争者发展壮大的情况。

3. 消费因素

消费水平是指一定时期内社会按人口平均的消费资料的消费数量。乡村户外体育旅游消费水平表明一定时期内,人们乡村户外体育旅游消费需要的实际满足程度,即反映人们实际消费的乡村户外体育旅游消费品数量的多少、质量的高低。通常情况下,人们乡村户外体育旅游消费水平的高低,直接反映了一定时期内社会生产力和社会经济发达程度,也反映了一定时期内体育旅游意识的强弱状况。同时也反映了一定时期内人们对乡村户外体育旅游消费品的需求状况。因此经营单位要分析研究社会的乡村户外体育旅游消费水平,要根据社会一定时期内乡村户外体育旅游消费水平来调整自己的经营战略及经营内容。同时要根据不同地区、不同消费群体的消费水平开展经营活动,以满足旅游者的需求。

4. 时间因素

时间是人们进行乡村户外体育旅游活动及乡村户外体育旅游消费的最重要条件之一,一般来说,不同的消费群体对乡村户外体育旅游消费的需求是不一样的,不同的时间安排吸引的消费者也是不一样的。时间性、季节性又是一些乡村户外体育旅游项目很重要的特征,因此经营单位必须分析不同消费群体的余暇时间构成,以供给适销对路的旅游产品,以满足旅游者的需求。

(二)间接外部环境因素

间接因素是指外界对经营单位的具体活动不直接发生影响的因素,属于更大范围的系统因素,它们往往是间接地对经营单位产生影响,主要包括以下主要内容。

1. 政治环境因素

政治环境因素是指和旅游经营活动有关的一般的政治因素,包括政治制度、政治形势、政局情况、政治发展趋势等。这些因素常常影响经营单位的经营行为,尤其是影响经营单位的较长期经营计划和行为。

2. 经济环境因素

经济环境因素主要是指国际和国内经济形势和经济发展趋势等因素对乡村户外体育旅游经营单位经营行为的影响,如国家对国民经济和社会发展速度和规模的决策,对国民收入分配中积累与消费比例的决策,对银行信贷利率的宏观调控决策,等等。这些因素是影响乡村户外体育旅游经营单位决策和发展的重要的经济环境因素。

3. 社会文化环境因素

社会文化环境是指人们在特定的社会制度下所形成的道德观念、规范、民族习俗、文化水平等。不同的民族和国家有不同的文化传统和社会生活行为准则,产生不同的风俗习惯和道德观念。此外,在同一民族和国家内,不同的年龄、职业及社会阶层,也会使人们的观念和行为产生差异,从而造成人们不同的乡村户外体育旅游需求和乡村户外体育旅游消费行为的差异。

4.技术环境因素

现代科学技术日新月异、发展迅速,是生产力中最活跃最强大的因素之一,是推动人类社会经济发展和社会进步的主要动力,科学技术的飞速发展既给乡村户外体育旅游经营单位提供了有力的支持,也给有些单位带来威胁。乡村户外体育旅游经营单位要在竞争中求得生存和发展,必须研究和掌握新技术、研发新项目,才能在竞争中保持自己的优势。

二、乡村户外体育旅游经营单位的内部环境

乡村户外体育旅游经营单位外部经营环境仅是经营单位从事经营活动的客观条件。这些条件如何利用,则要结合经营单位自身的内部条件来决定。乡村户外体育旅游经营单位的内部条件是进行体育经营活动的基础,只有把外部环境和内部条件有机地结合起来,才能"知己知彼",使乡村户外体育旅游经营单位稳定健康地发展。

(一)内部条件分析的内容

乡村户外体育旅游经营单位内部条件是指乡村户外体育旅游经营单位在一定的技术经济条件下,从事乡村户外体育旅游商品生产经营活动所具备的内在条件。它表现在乡村户外体育旅游经营单位的经营管理水平、竞争能力、应变能力等方面。

1.经营管理水平

经营管理水平主要反映在经营单位领导的素质及员工文化水平、受教育情况、经营单位的管理体制、组织机构的建立、经营管理活动指挥系统的建立和健全状况等方面。

2.竞争能力

竞争能力包括乡村户外体育旅游经营单位的生产能力、产品竞争力、财务能力、销售能力等。生产能力是指乡村户外体育旅游经营单位在一定的生产技术条件下拥有的生产性固定资产在一定时期内,所能提供的劳务或产品的最大数量,主要反映在基本的生产环节和辅助生产环节上。产品竞争力指乡村户外体育旅游经营单位体育产品竞争性的强弱,表现在产品的价格、成本、质量、服务、商标、交货期、市场容量、市场占有率、生产开发率等方面。财务能力是指乡村户外体育旅游经营单位的资金拥有量及来源、偿债能力、盈利水平等。销售能力是指乡村户外体育旅游经营单位所拥有的销售渠道、服务网点、服务力量等。

3.应变能力

应变能力指经营单位适应环境变化的能力。反映在乡村户外体育旅游经营单位经营战略的制定、研制开发新的体育产品、应用新工艺及新技术的能力等方面。应不断提升技术进步和技术改造的能力,提升生产指挥系统、市场营销系统、物资能源供应系统、人事组织系统、经济核算系统的适应性及相互间的协调性。

(二)内部条件分析的方法

乡村户外体育旅游经营单位内部条件分析的主要方法有以下几点。

1.经营单位的经营管理状况分析

经营单位的经营管理状况分析,首先是对本单位概况进行分析,主要是员工数量、机构设置及编制情况,乡村户外体育旅游经营单位各类人员的培训能力、科技及管理人员知识更新的速度等。其次是经营单位经营者的决策能力和组织能力分析,主要包括乡村户外体育旅游经营单位经营者的自身素质(包括政治素质、文化素质、技术业务素质和身体素质)状况,对外部环境变化的判断能力,对本单位战略性问题的决策是否果敢善断,能否知人善任,是否善于团结和领导下属等。

2.单位经济效益分析

单位经济效益分析主要通过对单位最近几年经济效益的实际水平与行业的平均水平、本单位历史最高水平的比较来评价本单位经营状况,找出差距、分析原因。

3.经营单位形象分析

经营单位形象分析主要了解乡村户外体育旅游经营单位在消费者心目中的形象,了解市场对本单位经营项目及产品的评价,主要是产品或经营单位知名度分析。知名度可表现为乡村户外体育旅游消费者对本单位或经营内容等情况有所了解的人数比例。通过各地区知名度对比可了解乡村户外体育旅游经营单位或经营项目的影响力。

4.产品分析

产品分析是乡村户外体育旅游经营战略的主要依据,经营单位的竞争能力一般通过乡村户外体育旅游产品来显示,因此乡村户外体育旅游产品分析包括乡村户外体育旅游经营单位内部条件分析、产品的收益性分析、成长性分析、产品强度分析等。

5.经营单位经营实力分析

经营实力由该单位的生产能力、技术能力及销售能力三部分构成。生产能力分析,主要看该单位的综合生产能力、生产效率及对生产任务变更的适应性。一般情况下,经营单位专业程度高,则适应性弱;专业程度低,则适应变化能力较强。技术分析能力主要指该单位在设计开发、生产乡村户外体育旅游产品方面的技术力量和测试手段的完备程度。分析的内容主要有:新产品、新项目的开发能力,技术管理水平与获取情报的能力,更新产品的综合能力,等等。销售能力分析主要是在产品市场强度分析的基础上,以重点发展的乡村户外体育旅游产品或销路不畅的乡村户外体育旅游产品为对象,对其销售组织、销售渠道、促销活动、销售计划等进行分析。

6.物资供应情况分析

物资供应情况分析主要是分析原材料、能源供应的稳定可靠程度及对本单位今后经营活动的影响等。

第三章 乡村户外体育旅游开发的效应分析

乡村户外体育旅游开发效应是指由于开展乡村户外体育旅游活动（包括旅游者活动和产业活动）所引发的积极的和消极的影响，不仅表现在对旅游者的影响，也包括对乡村户外体育旅游目的地和乡村户外体育旅游开发商的影响。乡村户外体育旅游开发效应一般可分为乡村户外体育旅游开发的经济效应、社会文化效应和环境效应。乡村户外体育旅游开发的经济效应是指乡村户外体育旅游活动对国民经济的影响，例如促进经济发展、调整产业结构、增加就业机会、改善投资环境等。乡村户外体育旅游开发的社会文化效应是指乡村户外体育旅游活动对乡村户外体育旅游目的地社会结构、价值观念、生活方式、习俗民风和文化特征等方面的影响。乡村户外体育旅游开发的环境效应是指乡村户外体育旅游活动对环境产生的种种影响。本书在研究中将环境效应归入到社会文化效应。

通过实地考察与研究发现，乡村户外体育旅游产业的开发对乡镇的经济与社会文化发展存在正负两方面的效应。它在加速乡镇社会经济发展，促进乡镇文化繁荣的同时，也存在因开发不当，或由于缺乏良好的规划和有效的管理等而导致的各种消极影响，并初步显示出其潜在的威胁。因此，正确分析和认识乡村户外体育旅游开发的社会经济效应是促进乡村户外体育旅游可持续发展的基础。

第一节 乡村户外体育旅游开发的经济效应

一、对经济发展的积极效应

（一）增加政府税收，提升财政实力

税收是国家提供国防、治安、公众投资、社会福利等"公共产品"的资金来源，是保持社会正常、稳定和持续发展的基本条件。乡村户外体育旅游产业的税收主要来源于休闲旅游劳务和产品的提供者及享用者，主要包括两个方面，首先是来自乡村户外体育旅游业各企业的营业税和所得税;其次来自旅游者,包括各种税费等。据统计,一些国家和地区在旅游业中的收益投资比为3:1至5:1,也就是说政府从旅游业中所得的收益是投资的3至5倍。同时,政府也可从与之相关的行业获得更多的税收。因此,乡村户外体育旅游业的发展对提升政府的行政能力,对乡镇经济的稳定和持续发展起到重要作用。

(二)带动相关产业的发展,完善产业结构

我国乡镇农业、工业发展基础薄弱,第三产业虽然近年来获得了快速发展,但存在整体规模小、结构不合理、领域窄等问题,且以餐饮、运输、批发零售等传统服务业为主,金融、信息、保险、策划、咨询等现代服务业不发达。而乡村户外体育旅游业虽然刚刚起步,但它是一项关联性很强的产业,与旅游产业的发展紧密相连,并与其他相关产业有很强的依托性和关联性。因此乡村户外体育旅游产业的发展一方面能够推动乡镇旅游业、商业、制造业、交通运输、饮食服务、金融、保险、文化卫生等产业的发展,改善乡镇产业结构,另一方面也能起到调整和改善产业发展不平衡的作用。

(三)扩展就业渠道,增加就业机会

广大乡镇,尤其是西部乡镇,由于社会经济发展滞后,部分人的生活水平有待提升。如何提高乡镇人口的就业率,直接关系到人们生活的改善,社会的稳定与和谐。在解决乡镇就业问题上,乡村户外体育旅游业比其他行业具有更大的优越性。首先,乡村户外体育旅游业是劳动密集型行业,与在乡镇发展高技术等行业相比能提供更多的就业机会;其次,乡村户外体育旅游业的工作岗位层次多,既可为具有丰富专业知识和技术专长的高层次人才提供就业机会,也可为不具备太多知识和技术专长的中、低层次人员提供就业机会,这一点对知识人才短缺的乡镇来说显得尤为重要;最后,乡村户外体育旅游产业的发展必将带动相关产业的发展,也间接为其他相关产业增加了就业机会。

(四)促进基础设施建设

无论是接待当地的游客或是省内外、国内外的游客,都存在旅游资源与潜在旅游市场之间的空间距离,只有当旅游者能够进得来,留得住,出得去时,才能吸引旅游者常来常往,这就是旅游业所说的可进入性。"要开发,先开路,要留得住,通信必须靠得住。"说的就是必须解决影响旅游可进入性的两个重要问题。只有实现了旅游地内部交通运输的便利和邮电通信的顺畅,才能减小旅游空间上的阻碍,加强旅游地、旅游者与外界的交往和联系。乡村户外体育旅游营地大

多分散在交通不便,通讯闭塞的乡村地区或少数民族村寨,故乡村户外体育旅游业的开发和繁荣,必然应促进当地道路、交通运输和邮电通信部门加强其基础设施建设,及时扩大其经营管理覆盖面。

(五)改善投资环境,促进对外经贸交流与合作

体育旅游产业开发可以多方面改善当地投资环境,促进对外经贸交流与合作。首先,体育旅游业是一个高度外向型产业,它能促进不同地区之间的人们加深理解和合作,彼此了解,互通有无,这正是吸引外来投资、促进经贸交流的先决条件。其次,体育旅游业为经贸交流与合作提供了必要的物质条件,它为经贸人员观赏、休闲、健身和考察提供了食、住、行等各方面的便利条件。最后,体育旅游开发能加快当地人员和信息的交流。在旅游者中会有诸如体育、经贸等各类专业人员,他们会为旅游目的地——广大乡镇带来众多信息,这有利于乡镇更多、更快、更全面地了解外部世界,也有利于外部的经贸人员了解乡镇的社会经济发展状况,为寻找经贸合作项目提供信息支持。这种民间的交往有利于促进经贸合作的开展。

(六)提高经济水平,缩小城乡差距

旅游业的一个重要特征就是能起到在不同地区进行财富分配的作用。如果说区外旅游是支出,那么入区旅游就是收入。一般而言,经济发达地区以外出旅游为主,不发达地区以入区旅游为主。同时经济落后地区往往有着丰富的自然旅游资源优势,从而吸引经济发达地区的人们前来休闲娱乐消费,这些旅游者的花费对不发达地区来说便形成了一种外部的"经济注入"。在我国部分地区乡镇,经济文化比较落后,但具有丰富的乡村户外体育旅游资源,并且蕴涵着独具魅力的地理和民族文化特色。我国经济发达城市民众的生活水平不断提高,有着对休闲娱乐、外出旅游的强烈渴求,因此发展乡村户外体育旅游对我国旅游者具有很强的吸引力。这种外向型的户外体育旅游必将给广大乡镇带来大量的外来消费甚至投资,这种外部的"经济注入"在提高乡镇经济水平,缩小城乡差距方面起到积极的促进作用。

二、对经济发展的消极效应

(一)对经济整体发展效率可能的影响

盲目或冒进地发展乡村户外体育旅游产业,可能会造成乡镇社会资源效率不高的问题,这是由产业发展协同论所导致的。在广大乡镇,无论是经济发展水平还是科技、教育水平等,都与城市存在差距,而为了大力发展乡村户外体育旅游产业,政府往往要在资金、政策、税收、人才等方面给予优惠和倾斜。因此当乡镇其他产业,特别是基础产业发展水平不高的情况下,发展乡村户外体育旅游产业会挤占乡镇部分本属于基础产业的发展资金、人才等资源,从而导致乡镇产业间发展的不协调。同时,乡村户外体育旅游产业处于连带效应较弱的培育和起步阶段,其比较优势不明显,因而会造成发展潜力不足的问题。因此在乡镇产业开发中必须考虑乡镇社会资源的最优化配置问题。如果单纯为了发展乡村户外体育旅游而不考虑我国乡村振兴的整体规划和布局,势必造成资源的浪费和利用效率低下,从而不利于乡村振兴的整体进程。

(二)对自身经济可持续发展可能的消极影响

不发达地区发展经济时,如果都把旅游等新兴产业作为优先发展的先导产业,这显然符合不发达地区的实际情况,同时也存在着矛盾。在我国乡镇发展乡村户外体育旅游也同样如此,它的发展对基础设施建设、旅游产品和服务内容的开发、经营、服务水平和质量等方面的要求很高,尤其是由于地理等方面的原因,对乡村户外体育旅游资源的发掘、整理及其市场化,需要做大量的工作,必须对其投入大量的人力、物力、财力才能收到成效。这样就容易产生发展体育旅游的悖论,即乡镇由于基础设施落后,缺乏经营管理经验,尤其在相关人才和资金有限的前提下,容易产生许多本来可以避免的问题。如乡村户外体育旅游的产品特征不明显、休闲娱乐设施重复建设、服务意识和服务质量差、产品和服务缺乏时代性和经济性、相关法规不完善等。这种低质量的冒进发展会给区外游客留下不良印象,进而形成不良形象,势必影响乡村户外体育旅游产业的持续、稳定成长和发展。

乡村户外体育旅游产业开发符合我国乡镇发展特色产业和生态产业的强烈愿望,在乡镇产业结构调整和优化过程中,要努力实现乡镇资源优势向产业优势转变。尤其在当前乡村振兴和国家大力发展乡村旅游业的背景下,更应抓住难得机遇,积极推动乡村户外体育旅游的市场化和产业化发展。但同时,在乡村户外体育旅游的产业化进程中,要从乡镇的实际出发循序渐进,防止盲目和冒进。要对它可能带来的消极影响有清醒的认识,进行合理准确的产业定位和规划,重视交通、科技、教育等基础产业的发展,确保乡镇经济的整体效率和可持续发展。

第二节 乡村户外体育旅游开发的社会文化效应

一、对社会文化发展的积极效应

(一)促进社会的对外开放

长期以来,国家和地方在广大乡镇投入了大量财力、物力、人力,但长期封闭的环境是发展的重要障碍,一些产业难以在封闭的社会环境中生存发展。而高度外向型的户外体育旅游业是打破这一障碍的良好契机。广大乡镇由于具有优美的自然环境,独特的民族文化、艺术,吸引了众多追求健康、热衷休闲旅游的现代旅游者前往消费,而伴随户外体育旅游所产生的大量信息流,对于打破乡镇封闭的状态、促进人们观念的转变具有非常重要的作用。人们观念的转变对于社会的全面发展,跟上时代发展的潮流是至关重要的。尤其是民族地区的乡村户外体育旅游活动,其本身是一种特殊民族文化的展示,其项目的表现形式,包括隐含于内的民族性和显形于外的运动形式,无不包含各个民族的传统习俗、历史渊源、舞蹈艺术、民族情感等多重含义。通过开展户外体育旅游活动,各民族将寻到一条与外部世界交流的捷径。通过与外部世界的交流,学习先进文化、先进技术,不断促进本民族、本区域的社会发展。

(二)促进社会的和谐发展

乡村户外体育旅游作为人们之间社会交往的一种活动,有助于消除人们之间由于价值观念不同而产生的误解。从而缩短了不同人群之间的距离,增进理解与友谊,合作与支持。开发乡村户外体育旅游产业可增强城乡居民之间的交流,对保持乡镇社会稳定,促进民族团结,建立和谐社会具有重要意义。

(三)促进文化的保护发展

乡村户外体育旅游的发展依赖于社会文化的支持,文化生活是旅游活动的重要内容,旅游者需求的乡村户外体育旅游资源、乡村户外体育旅游设施、乡村户外体育旅游服务等,都是以文化作为其核心内容的。传统文化是现代乡村户外体育旅游产业发展的灵魂。旅游者追求具有传统特色和地方风格的乡村户外体育旅游休闲地,体验富有文化修养的乡村户外体育旅游服务。

人们对农业文化的向往,尤其是对乡村文化追新好奇的心理推动了广大旅游者前往休闲娱乐,并从乡村农业文化中获得新鲜的体验。随着社会的发展,人们对乡村农业文化的兴趣会越来越浓,而科学技术的进步和现代交通、通信设施的完善,又为人们了解乡村农业文化提供了便利的条件。而这种对乡村农业文化的了解过程,也就是向外部传播乡村农业文化的过程。

乡村户外体育旅游活动的增加,除了使广大群众加深对传统农业文化的了解外,还能提高保护文化遗产的自觉性,利于政府有关部门采取保护、开发、利用一体化的科学措施。

(四)促进旅游接待地环境卫生的改善

健康是旅游者进行乡村户外体育旅游时对环境质量的最基本的要求,旅游接待地的环境质量应明显高于一般生活与生产的环境质量。为了向旅游者提供满意的体验,乡镇旅游接待地应采取必要的措施强化环境管理,提高环境质量。

(五)促进体育科学的研究和交流

乡村户外体育旅游活动的开展与体育科学的交流是无法分开的,其推动作用主要表现为两个方面:一是在旅游者中,不乏体育界的专家、学者、技术人员,他们出访目的地后,往往要与旅游目的地有关体育单位的人员进行交流,旅游目的地的有关单位从中不仅可以增加对体育科学领域的前沿知识的了解,而且有时可能获得重要的信息、技术和管理经验。二是为了适应旅游者的需求,乡村户外体育旅游开发也常常对体育科学提出新的需求,把相关领域的先进技术应用于乡村户外体育旅游设施的建设和改造之中。

(六)有助于促进人们的身心健康

乡村户外体育旅游作为一种社会文化性活动,它既有人类文化共同的基本特征,又有个性化特征。乡村户外体育旅游的吸引力在于其活动的外部条件和活动内容本身,其外部条件实质上是指乡村户外体育旅游资源。对广大乡镇来说,主要是它的自然资源、人文资源和传统体育资源,这是吸引人们参加乡村户外体育旅游活动的重要前提,也是区别于其他体育旅游活动及其功能的标志。如名川大山、草原、森林、天然温泉、风雨冰雪以及蔚蓝的天空、清新的空气、灿烂的阳光、适宜的温度,加上独特的传统文化、民族歌舞和民族体育等,这些优美的自然环境与特有人文氛围无疑有益于人们的身心健康。人们在这种自然、人文环境中进行户外体育旅游活动,其所产生的健身强体、消除紧张烦躁情绪、振奋精神、锻炼意志、培养高尚情操等作用是现代城市生活环境下的体育旅游活动所难以比拟的。因此,开展乡村户外体育旅游对增进人们身心健康、愉悦身心、陶冶情操、满足精神需要、改善生活质量具有独特的价值。

二、对社会文化发展的消极效应

(一)对传统文化保护发展可能的消极影响

一方面,发展乡村户外体育旅游的重要目标之一,就是传承和发展该区域的传统体育文化。但在开发乡村户外体育旅游过程中必然会涉及经济、文化等方面的交流和传播。而在这个过程中一些外来的文化、价值观等会无形中影响甚至破坏这种传统文化,包括在传统体育活动、民族服饰、传统习俗等各个方面的影响。因而这种无意识破坏必然影响到传统文化的繁荣和多样性,也会使乡村户外体育旅游资源失去应有的特色。

另一方面,旅游者在旅游过程中喜欢追求较为原始、传统的文化氛围。文化特色突出的地区,往往也是旅游者最感兴趣的地区。但是有相当多的旅游者并非关心地方文化,也不想通过亲身体验和接触与当地人民沟通感情。他们所注重的只是如何按图索骥地找到大多已被包装的"东西"。旅游者将自己视为探险家,对地方文化以原始、荒诞、奇特为标准,以猎奇为满足。

为能进一步刺激旅游者,一些乡村户外体育旅游产品的生产者也会打着保持和恢复传统文化的旗号,"保留"甚至"制造"出一些体育文化来,还煞有介事地标上正宗传统文化的标签,冠以"活的博物馆"等美名供客人观赏,以期成为旅游者日后闲聊的话题对象。这种状况在多数地区都有不同程度的表现。

对待传统文化最基本的态度应当是尊重,以上这些现象给旅游地居民带来情感的创伤又可能引发旅游地人民的排外心理。

(二)传统生活方式受到冲击

经济情况较好的旅游者的消费模式对部分乡镇居民来讲,会有一种示范效应,从而会对他们的生活方式带来一定的影响。这主要表现为后者对前者的消费模式不切实际的认同和模仿。这种消费模式示范效应对当地传统文化的影响巨大。随着乡村户外体育旅游业的开发,一些偏僻、相对封闭的乡镇变得开放起来,其地区的流动性也随着开发程度增加而增加。当地青年对旅游者的衣着打扮、言谈举止及消费行为的认同程度增加,于是不自觉地进行模仿,一定程度使原来的特色生活方式流失。

(三)对居民生活质量的不利影响

如对旅游者安排不妥,有可能引发当地居民同旅游者之间的矛盾。其主要表现在:第一,在接待容量有限的情况下,大量旅游者的涌入势必使当地居民的生活空间相对缩小,造成交通堵塞、景观地区拥挤、公共设施紧张,干扰了居民的正常生活。第二,在目的地地区物资供应能力有限的情况下,如各种农副产品的价格可能上涨,会给居民生活带来不便,从而引发居民与旅游者之间的关系紧张。

(四)对环境的不利影响

一方面是来自供给方面的污染和破坏。这是在乡村户外体育旅游开发、经营过程中发生的,其主要有服务设施所排放的"三废"(废气、废水、废渣)和布局不当造成对环境的污染两种。前者主要是交通工具废气排放量的增多,以及大量生活污水的排放和生活废渣乱堆乱放,对环境形成污染。

另一方面是来自旅游活动方面的污染和破坏。如旅游者的野营篝火有可能引发山林火灾,乱丢废弃物不仅会影响环境整洁,而且还会危及动植物的生存。旅游者攀爬、践踏还可能破坏植被,甚至会使当地的文化遗产和原始风貌受到威胁。

乡村户外体育旅游对环境的破坏隐蔽性强,当人们意识到时,破坏常常到了难以挽救的程度,治理环境污染需要付出相当大的代价,而且在大多数情况下根本无法获得直接的投资效益,甚至无法收回投资成本,所以需要相关部门积极进行环境管理。

第三节 正确对待乡村户外体育旅游开发对经济与社会文化发展的双重效应

一、正确认识乡村户外体育旅游与经济、社会文化发展的利弊关系

经上述分析可知,乡村户外体育旅游对广大乡镇经济与社会文化的影响犹如一把双刃剑,有利有弊。实际上,乡村户外体育旅游对目的地经济与社会文化的影响并非都是无条件存在或必然产生的,无论积极效应还是消极效应都可能只是相对的,是在一定的条件下形成的,并可能在不同的条件下异化。积极效应中可能潜在消极的因素,如果不能辩证地认识问题,并及时解决问题,则可能向相反的方向发展。消极效应并不是不可克服或不可控制的,如果对可能预见的消极后果采取积极的应对措施,那么消极效应完全有可能不会发生。有些消极效应在某些地区造成了一些经济与社会文化问题,而在其他一些旅游目的地并未形成经济与社会文化问题。如果说乡村户外体育旅游对经济与社会文化的潜

在不利影响是绝对的,那么它们能否在当地形成经济与社会文化问题至少是有条件的。就拿乡村户外体育旅游活动中常见的传统体育表演来说,乡村户外体育旅游可能成为促进当地传统体育文化传播与复兴的一个外力,但是,如果旅游者对该种传统体育文化知之甚少,他就难辨优劣,仅能用自己的文化标准进行判断,而那些表演者和经营者,为了将作品推销出去,就有可能将一些与传统体育文化不协调的东西植入当中,或进行过度包装。那么有一点可以说是确定不疑的,即由于功利性目的,传统体育文化的价值被大大降低和淡化了。由此可见,乡村户外体育旅游发展对传统体育文化而言,确实是一把双刃剑,只有全面认识它,才能正确地评价它。

因此,正确认识乡村户外体育旅游与当地经济和社会文化发展的利弊,客观、科学地对待这种关系,对于发展乡村户外体育旅游业进而推动经济与社会文化的全面发展十分重要。在此基础上,充分认识其中的消极效应,最大限度地缩小其不利影响,努力发展乡村户外体育旅游对经济与社会文化的积极作用,使乡村户外体育旅游成为推动地区良性发展的重要因素。

二、控制乡村户外体育旅游消极效应的措施

(一)对目的地参与各方进行宣传教育,促进旅游业健康发展

乡村户外体育旅游从业人员和目的地居民都应提高对乡村户外体育旅游活动意义和可能产生的消极效应的认识。在旅游者出发前,旅行社应向旅游者介绍旅游目的地的有关法规、社会风俗习惯、禁忌和注意事项,使旅游者做好思想准备,以避免在旅游过程中可能产生的问题。旅游目的地在接待时也应告知有关的法律和规定,以及参观游览过程中的注意事项,同时,要通过新闻媒体加强对居民和从业人员进行宣传教育,以提高对乡村户外体育旅游活动双重影响的认识,促进乡村户外体育旅游健康发展。

(二)促进居民参与,加强居民与旅游者间的交流

让居民成为乡村户外体育旅游开发的利益相关者,可以减少居民对乡村户外体育旅游开发的反感,且对延续当地传统,增强当地人的自尊心和自信心都是有帮助的。居民参与乡村户外体育旅游也加强了双方之间的文化交流,可以消除彼此间的神秘感,利于游客对当地文化予以尊重,使当地居民不再盲目崇拜外来文化,减少外来文化冲击,保持当地文化的独立性。虽然旅游目的地居民有很多优势,但许多旅游目的地居民的参与度极低,需要当地政府采取相关政策进行扶植和引导。

(三)加强规划,防止超负荷发展

为防止乡村户外体育旅游的超负荷发展,旅游目的地应加强乡村户外体育旅游规划的制定,即根据各个时期乡村户外体育旅游发展的需要和自身的条件制定出科学的、又适当留有余地的乡村户外体育旅游业发展规划,对各时期的接待以及保障措施进行合理的部署,并在规划实施的过程中,根据情况的变化,进行适当的调整和控制。只有这样,才能较好地减小或消除乡村户外体育旅游活动可能带来的某些消极效应。

(四)健全法制,加强监督

旅游目的地的政府部门应建立和健全乡村户外体育旅游发展的有关法规和制度,将旅游者、乡村户外体育旅游企业和乡村户外体育旅游从业人员的行为置于法规监督之下,对其违法行为应依法惩处,以保证乡村户外体育旅游活动的健康发展,从法规上杜绝或消除乡村户外体育旅游活动可能引起的消极效应。

第四章 乡村休闲运动体育旅游产品开发

第一节 定向越野运动开发设计

定向越野运动能增强体质、提高人对环境的适应能力,还能培养机智、勇敢、顽强拼搏、团结协作的品质,是现代人实现自我、挑战自我、愉悦身心的极好项目,深受广大旅游者的喜爱。这项运动在国外非常普及,在我国也有一定程度的推广,是回归自然、缓解人们工作压力的休闲健身运动项目,有着很好的发展前景。它可以作为一项乡村户外体育旅游活动来组织,也可作为一个项目来进行比赛,可分为定向运动、越野挑战和登山运动等项目。

一、定向运动

定向运动是运动员借助地形图和指南针,按规定顺序独立寻找若干个绘在地图上的地面检查点,并争取以最短的时间完成全赛程的运动。

定向运动在19世纪兴起于斯堪的纳维亚半岛,最初只是一项军事体育活动。1886年第一次使用"定向"这一用语,意思是在地图和指南针的帮助下越过不被人所知的地带。1895年在瑞典斯德哥尔摩和挪威奥斯陆的军营区举行了定向比赛。由于该运动既能锻炼人的智力、体力,又有很强的娱乐和实用功能,因而很快在民间流行起来。20世纪初,定向运动已发展成为正式的体育竞技项目。定向运动正式作为体育项目开展则是从19世纪初北欧开始的。首届定向锦标赛于1966年在芬兰举行,同年确定以后每两年举办一届。不久,定向运动便传播到亚太地区。1982年首届亚太地区定向锦标赛举行,大会决定每两年举办一次。我国从1985年开始开展此项运动,1994年在北京举行了第一届全国锦标赛,以后每年举办一次。定向运动竞赛分为日间赛和夜间赛,竞赛项目包括定向越野赛、定向接力赛、山地车定向赛、轮椅定向赛、滑雪定向赛等。定向运动按运动工具的不同可分为徒步定向、接力定向、积分定向、夜间定向、五日定向;按性别分为男子组和女子组;按年龄分为青年组、成年组和少年组;按技术分为初级组(包括体验组和家庭组)、高级组和精英组;按人数可分为全人单项、全人双项和集体项目。

定向运动既考验参赛者的奔跑能力,又检验其思维判断能力,充满体育项目竞争的刺激和走进大自然的乐趣。爱好者通过此项运动可在大自然中锻炼体魄和意志,培养热爱大自然的情感,享受回归大自然的乐趣。同时,定向运动又是老幼皆宜的运动项目,竞赛的组织者可以在同一场地根据参赛者的不同年龄、不同性别、不同技术水平而设计不同长度、不同技术难度的比赛,以适应不同的参赛者。最重要的是,定向运动是一项花费极少的体育项目,它所需要的只是一张定向地图和一个指南针。因此,这一健身运动可以成为乡村户外体育旅游的主题。

建议定向运动以植被丰富的路线为主,突出有氧健身运动的特点,在指导员的辅导下,面向广大旅游者开展,以安全、健身、娱乐为主要特点。在开发时,应以景区为依托,按照竞赛级别和要求进行设计。在乡村户外体育旅游中开设定向运动,一方面可以扩大旅游地的知名度,增强乡村户外体育旅游业吸引力,另一方面也可促进定向运动的健康发展。

二、越野挑战

越野挑战起源于法国,迄今已有多年。今天比赛的雏形始自1989年在新西兰岛举行的越野探险赛。

越野挑战是以原始的生存状态作为基本原则来设计的。首先,参赛者必须4人一组,其中至少有1名女队员。其次,比赛中参赛选手从头至尾只能采用人力驱动的方式前进,譬如步行、跑步、骑马、骑骆驼等,后来又将马、骆驼等牲畜换成山地车,但同样靠人力驱动。

参加越野挑战赛,就是挑战世界上最险恶的地形和最严酷的环境,这也是一项勇敢者的运动,骑着山地车在崎岖的山路上飞驰,顶着烈日在山野狂奔,在激流中赛艇,在强风中攀岩,这需要勇气和毅力。参赛者要互相帮助,通力合作。比赛成绩以最后一人到达的时间为准,这就需要团结。他们还要常常面对迷路、车胎漏气、扭伤、饮水瓶丢失等困难,这还需要有智慧。所以越野探险已经超越以体能竞技为主的马拉松赛,成为乡村户外体育旅游中最富挑战性的运动。越野挑战赛的奖金不算太高,但它推崇的挑战极限的精神却吸引了越来越多的人参与其中。

云南省大理白族自治州开发设计乡村户外体育旅游时,在越野挑战中设置了河上划艇、越野跑、山地车骑行、赛跑交替、泥路直排旱冰和攀岩等项目,分段进行,每天休息时间较长,有助选手的体力恢复,这样安排比较贴近现实,运动量对于非职业选手来说容易接受,可以吸引更多的户外体育旅游者参加,再加上整场赛事时间较短,可以利用假期来参赛,工作运动两不误。

建议越野挑战以景区特色和人文资源为依托,设置山地车骑行、越野跑、登山、攀岩、骑马等项目,以健身、娱乐为目的,面向广大越野爱好者及广大户外体育旅游者。在整体路线的设置上可以将旅游地独有的自然人文资源(如体育文化遗产、自然保护区)有机连接起来,既为选手提供了良好的比赛环境,又宣传了旅游地的户外体育旅游资源,有利于乡村户外体育旅游业的发展。

三、登山运动

(一)登山运动概述

作为一项体育休闲活动,登山的历史十分悠久。现代登山运动起源于欧洲,而横贯法国、意大利、瑞士和奥地利等国的阿尔卑斯山是现代登山运动的诞生地。登山运动是一项颇受广大旅游者喜爱的乡村户外体育旅游项目,进行这项运动不但能增长知识、启迪智慧、陶冶情操、净化灵魂,培养机智、勇敢、拼搏的精神,而且还能增强身体素质,提高对环境的适应能力,同时培养团队精神。

登山活动在我国有悠久的历史,早在黄帝时代就有登山的传说,但从登山史上看最为突出的是夏禹。夏禹不仅登上过许多高山,而且最早使用了"登山鞋"。在《史记》中记有夏禹"山行乘樏"之事。可见,几千年前,我们的祖先就有丰富的登山经验。在司马迁所著《史记》中,曾详细记录了张骞通过"葱岭通道"之事,这是我国较早用文字记载的重大登山探险活动。西汉时期,我国已经有了农历九月九日重阳登高节的习俗,到如今这一习俗还广为流传。这些都说明我国登山探险活动至少在几千多年前就已存在。但我国现代登山运动的兴起与发展,则是在新中国成立之后。

根据登山的难度、高度及是否使用登山装备,通常将登山运动分为高山探险登山、竞技登山和大众登山运动。前两种登山运动都是专业运动员从事的,受登山技术装备、登山技术条件和山峰等条件限制,在乡村户外体育旅游中不宜开展。在此谈论的登山运动是指大众健身登山运动,它和群众性体育活动相结合,组织难度较低,装备技术要求简单,很受广大旅游者的喜爱。大众健身活动有两种:健身登山活动或旅游登山和定向登山比赛。

(二)登山装备

登山专用装备包括被服装备、技术装备和露营装备。由于竞技登山和探险登山的环境不同,其装备的要求也不相同。

1.竞技登山装备

岩石衣裤,即竞技登山活动中穿用的衣裤,这种衣裤要紧身合体,裤口、裤脚较小且有弹性,面料为结实耐磨、富有弹性的毛织物。岩石鞋,岩石作业的一种特用鞋,鞋帮最好用结实、通气的皮革原料,鞋底用较硬的橡胶原料。鞋底较厚,有利于摩擦和固定。

2.探险登山装备

(1)被服装备。御寒服装:用于登山活动中的保温御寒,保温层最好是优质鸭绒,面料要轻、薄、密实、防水、防风。表面颜色以深为主,尽量鲜艳一些。以利吸热和便于山上、山下的观察识别。除衣裤外,根据需要也可制作羽绒袜、手套和背心。

风雨衣:用防水的优质尼龙原料制成,具有良好的防风、保暖性能。上衣连帽,帽口、袖口、裤脚能调整松紧。

高山鞋:攀登冰雪高山的特用鞋。其用料要求是质轻,并具有良好的保暖、防水、保护的作用。在冰坡上行走时,鞋底还要绑上冰爪。

行囊:包括背包、背架和行李袋。

防护眼镜:用以遮挡强烈阳光和冰雪反射光,防止紫外线对眼睛的伤害。防护镜的镜片以茶色眼镜为宜。在7 000米以上高山区,登山人员应配备专防紫外线、红外线的防风雪眼镜。

(2)技术装备。冰镐:这是通过冰雪坡时不可缺少的用具,除用它整修道路外,还可辅助行进和用以自我保护。

冰爪:冰爪用轻质硬金属制成,固定在高山鞋的底部,起固定和防滑作用。

安全带:安全带由圈套、带子和卡子组成,系在腰部,它是各种保护装备与人体的连接装备。

主绳:长度为40~50米,直径9~12毫米,承受力在1 500千克以上,是轻便坚固的尼龙制品,不同人员应分别配有不同颜色的主绳,以便使用时识别。

辅助绳:与主绳配合使用,直径小于主绳,约6~8毫米,承受力约800千克。

铁锁:在登山技术操作中,一些装备之间需要交替不断地进行连接和解脱,为避免烦琐的结绳、解绳操作,使动作简单而迅速,就必须有铁锁的辅助。有时铁锁可代替滑轮使用。

钢锥:有岩石锥和冰雪锥两大类。

铁锤:一般用于打入和启动钢锥用。

(3)露营装备。帐篷:帐篷可分为低山帐篷和高山帐篷两种。低山帐篷一般用单层料制成。高山帐篷要用双层料,中间有空气层,以增加其保暖性能。

睡袋:用料与羽绒服装相同,只是保温层更厚些。

(4)保障装备。保障装备不是登山运动员的专用品,它是为了应对各种意外情况而备用的一些器材和用具。

(5)日用装备。日用装备即生活用具。

(三)登山技术

1. 岩石峭壁的攀登技术

岩石峭壁的攀登技术简称攀岩技术,攀岩技术的发展已有100多年的历史,早在1865年,英国登山家开始攀登岩石峭壁,首先采用徒手攀登方法。其技术难度主要体现在第一人的攀登过程中。第一人攀登峭壁的基本方法是利用自然支点和人为支点(打入岩石的钢锥)进行徒手攀登。基本要领是"三点固定",即在双手、双脚握或蹬牢3个支点的条件下才能移动第4点。攀登者要设置专门的保护装置,要携带足够的岩石钢锥,沿路打入作为人工支点。各支点间距不宜过密,以0.5米为宜。三点固定法是攀岩的基本方法,它对身体各部位的姿势和动作有一定的要求(如图4-1所示)。

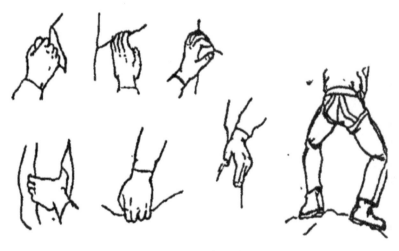

图 4-1 三点固定法

(1)身体姿势。攀登岩石峭壁时身体要自然放松,以3个支点稳定身体重心,而重心要随攀登动作的转换移动,这是攀岩稳定、平衡、省力的关键。在攀登自然岩壁时,身体重心一定要落在脚上,保持面向岩壁、三点固定支撑、直立于岩壁上的攀登姿势。

(2)手臂动作。在攀登人工岩壁时,要求第一指关节用力抠紧支点的同时,手腕要紧张,手掌要贴在岩壁上,小臂也要随手掌紧贴岩壁而下垂,在引体时,手指(握点)有下压抬臂动作,其动作规律是重心活动轨迹变化不大,节奏更为明显。在攀登自然岩壁时,其动作变化要根据支点的不同而采用不同的用力方法,如抓、握、挂、抠、扒、捏、拉、推压、撑等。

(3)脚的动作。一个优秀的攀岩运动员的攀登技术能否发挥,关键在于两腿力量是否能充分利用(只靠手臂力量攀登不可能持久)。脚的动作要领是,两腿外旋,大脚趾内侧贴近岩面,两腿微屈,以脚踩支点维持身体重心。此外,应当充分重视手脚合理配合的重要性。徒手攀岩者还可利用挂梯做支点向上攀登。挂梯攀登,首先要学会使用挂梯。挂梯挂于空中,要想用脚踩稳挂梯,是比较困难的,用力不当,就会造成本身在空中转动,这样会消耗体力,延误攀登者的时间。徒手攀登者还要学会打岩石钢锥,打钢锥有时要用双手来操作,这样就要学会一脚后伸蹬紧挂梯,以便腾出双手进行操作。

攀登小于 90°的壁和陡坡,当第一人攀上以后,可采用缘绳攀登法。其方法是在上方固定好主绳一端,将另一端扔至下方,后继攀登者可双手抓绳蹬岩壁而上。为了安全,攀登者还可在主绳上打抓结与身体连接,手握抓结向上攀登。

缘绳攀登法动作要领是拉紧主绳后,屈臂引体,一手迅速上移,另一手进位紧握主绳,向上引体时,身体后仰角度不宜过大,两脚随着屈臂引体,及时有力地向上蹬踏。蹬踏时以前脚掌为主,手脚要协调配合。为了防止滑脱,攀登者可打抓结或另增加一条主绳与自己身体连接。缘绳攀登法采取在上方保护的方式。

根据不同的地貌特点,遇到攀登路段过长,一次登山有困难时,可采取两人结组交替保护的双人结组攀登法。应当注意的是,第一个攀登者一定要带足所需器材,然后再进行攀登。这也是将前述各种登山技术综合运用的好机会。总之,不管采用何种攀登方法,攀登中都要保持镇静。

2. 登山实践技术

登山技术是指在登山运动中为克服地形上遇到的各种困难而采取的各种技术手段和科学的操作方法,各种险恶地形是运动员行动的障碍。登山过程,也就是运动员不断排除这种威胁和障碍的过程,这种排除能否成功,一般来说又与登山运动员的技术状况有很大关系。

海拔高的山峰可被雪线分为两部分,雪线以下的部分为植物生长区,雪线以上的部分则为冰雪地带。攀登雪线以上的山区时,需要熟悉冰河的各种类型以及掌握攀登冰壁、雪山的各种技术,而很多海拔很低的山峰是没有雪线的。通常旅游登山等群众性登山活动多是在较低的山峰或雪线以下的区域进行,但在攀登的过程中所遇到的地形也是极其复杂多样的,例如草坡、碎石坡、山间急流、森林、岩石及各种特殊地形,等等。因此,还必须学会识别地形,选择路线以及攀越这些障碍的各种技能。从登山将遇到的地形来看,登山技术可分为攀登草坡和碎石坡技术、攀岩技术和雪坡技术等。下面我们将主要介绍在山区行进时遇到不同地形时所用的技术。

草坡和碎石坡是山间分布最广泛的一种地形。在海拔 3 000 米以下的山地,除悬崖峭壁以外,几乎都是草坡和碎石坡。因而,攀登草坡和碎石坡是每个登山者所必须掌握的一项基本技术。

(1)上草坡、碎石坡的技术。一般来讲,攀登草坡和碎石坡的方法有两种,即直线攀登法和"之"字形攀登法。直线攀登法适用于攀登坡度在30°以下的山坡。上升时身体稍向前倾,全脚掌着地,两膝弯曲,两脚呈八字,迈步不要过大过快。当攀登坡度大于30°的山坡时,采用直线攀登法就比较困难了,因为两脚的脚踝关节不好伸展,容易疲劳,且坡度大,碎石更容易滚动,在攀登时很容易滑倒,或踢落碎石影响后面的人。因此,在攀登坡度较大的山坡时均采取"之"字形攀登法以降低直线攀登时的难度和滑坠的危险。"之"字形攀登法是指按照"之"字形的路线左右斜越,盘旋而上的攀登方法。采用这种方法攀登时,腿微微弯曲,上体前倾;内侧脚脚尖向前,全脚掌着地(主要用脚外侧蹬地),外侧脚脚尖稍向外撇(主要用脚跟蹬地)。采用"之"字形行走时,应注意向左方转弯时,要先迈左脚,向右转弯时,先迈右脚,这样做可以保持身体平衡。通过草坡时,应注意不要攀抓草蔓,也不要乱抓小树,以免把草根或小树拔出,使人摔倒。在碎石坡上行进时,则应特别注意落脚要实,抬脚要轻,以免碎石滚动而碰伤了别人。如前面的人不小心碰翻了石块或突然发现有滚石,要立即喊叫让后面的人注意避开。在行进中如不小心滑倒时,不要惊慌失措,要立即面向山坡,张开双臂,伸直两脚(足尖翘起),使身体的重心尽量上移,以减低滑行的速度。同时要设法在滑行时寻找攀援物和支撑物以阻止下滑。滑倒时千万不要面朝外坐,这样会使滑行的速度更快,而且在较陡的斜坡上还容易引起翻滚。

(2)下草坡、碎石坡的方法。俗话说"上山容易下山难",这主要是由于地心引力的作用,下山时人体不容易掌握自身的平衡而容易产生翻滚。但只要掌握了下山的技术,是很容易安全返回营地的。山区的人们流传着这样一句话:"上山弯腰,下山凸肚。"这就是说,上山时上体要前倾,下山时身体要后倾。另外,下山时越是陡坡则越要慢行。下山时,腿部肌肉会发僵而造成疲劳,如果抬起臀部,以似站非站的姿势下山,则会造成重心后移,容易滑倒。在下坡度小于30°的山坡时,一般是两腿微微弯曲,膝关节放松,用脚跟先着地,身体重心先放在两脚跟上,而后过渡到全脚掌,将整个身体的重量压在脚上,步子要小而有弹性(这种下法速度较快)。在下坡度大于30°的山坡时,仍需采用"之"字形路线斜着下山,一般是外侧脚用脚掌和脚外侧蹬地,内侧脚用脚跟和脚内侧蹬地,身体向后方(指山坡方向)倾斜以保持身体平衡。

3.结绳技术

(1)固定绳结。固定绳结主要有以下几种。第一,织布结(布林结)。这种绳可将绳索一端与自然物体固定在一起,有时也用于结组中的胸绳连接。第二,引结。这种绳结将绳索一端固定拉紧在树干或其他物体上。第三,通过结。用于绳索通过铁锁时做中间环节和各种连接和固定。这种结有简单的通过结和"8"字形通过结。第四,双套结。特定攀登技术中使用的一种结,也可做固定用。第五,帐篷固定结。

(2)接绳绳结。接绳绳结又分为平结、混合结、交织结及单交织结、双交织结和"8"字结。

(3)结绳的注意事项。第一,在通过结绳组合各种技术装置时,对绳索要进行认真检查,看是否完好无损。第二,绳索打好后,一定要仔细检查是否正确,千万不要马虎。第三,对绳索的展收要有条理,不能乱拉乱放,否则易造成交织混乱,影响使用。第四,在行进途中或在攀登岩石陡壁过程中,一定要注意绳索的磨损情况,如有磨损要及时加固或更换,否则不但影响操作,而且非常危险。第五,行进或休息时,切忌踩踏绳索,特别是脚下绑有冰爪时更要注意。

4. 保护技术

为了防止在登山过程中因动作失误引起意外险情而进行的各种操作,称为保护技术。在攀登、下降、渡河、救护等技术操作中,为保证安全,需要各种保护技术同时配合。

保护技术分为固定保护、行进保护和自我保护3种。固定保护是对行进者或攀登者预设的专门保护。保护者将主绳做某种固定,然后选择有利位置专门负责保护。在攀登岩石峭壁、冰峭壁等技术操作复杂、危险性大的路段时多采用固定保护。固定保护方式可根据保护与被保护者的相对位置分为交替、上方和下方3种保护方式。

另外一种常用方法是器械保护法,器械保护法是利用下降器和铁锁进行保护的方法,其保护姿势可根据地形条件采取站立或坐式。目前攀岩训练和竞赛中多采用这种方法,其优点是省力、安全、操作简便,但必须具备一定的登山器材,如下降器等。

5. 下降技术

在45°以下的坡面下降,危险较小,一般不需要特殊的装备和技术手段,可在工具辅助下自然进行。在45°以上的陡坡峭壁上下降,则必须使用一定的装备和技术手段。下降方法有以下几种。

(1)三点固定下降法。三点固定下降法是下降的基本方法,所用工具简单,其方法是利用双手、双脚握或蹬牢3个支点,然后移动至第4个支点。这种下降法比三点固定攀登更加困难,因此一定要设置上方固定保护装置。

(2)利用器械下降。利用器械下降是常用的一种方法。其原理是利用主绳同连接在身体上的一定器械之间的摩擦,减缓并控制下滑速度,从而达到下降目的。一般以陡壁的高度、坡度、自然支点的多少、所需装备的数量和自然环境对攀岩的影响程度来衡量下降速度。

攀登场地一要安全,二要环境优美,交通方便,能靠近住宿地更好。岩壁上应少杂草和尘土等覆盖物,顶端要有能固定绳索的岩石或树木。

第二节　乡村高尔夫运动开发设计

一、乡村高尔夫运动概述

乡村高尔夫运动起源于西方国家的乡村户外体育旅游项目,对场地面积没有固定的要求,调整的空间很大,而且场地设计优美,洞区布局与整体景色有机结合,给人身心以极大的享受,是一项深受老百姓喜爱、投资相对较小的运动项目。在高尔夫球场打球是一种愉悦的健身运动,可以得到舒适的享受。同时,高尔夫球也是提高自我修养,培养团结协作精神,体现自我价值的高雅运动项目,特别是中老年人非常喜欢。

娱乐型球场的洞区与乡村高尔夫十分相像,葱绿而富有天然草地实感的人造草坪有与大自然相仿的球场景色,以及和高尔夫运动完全一样的高尔夫球和球杆(推拨杆),只是比高尔夫运动的规模要小得多。这种球场不是为俱乐部而设,只是为当地来玩的爱好者而建,没有严格的统一设计标准,自由发挥的空间很大,因此五花八门,很难分门别类。娱乐型球场有很多精彩的创意,但基本上遵循迷你高尔夫运动的规律和要求。

二、球场的分类

(一)按球场上洞区组合方式分类

1. 标准洞区的球场

这种球场的各个洞区形状、尺寸,大体上有一致的要求。各个球场制造商都有自己的洞区标准,并把它组合运用到球场上,这对于降低设计和制造成本十分有利。

2. 自然洞区的球场

这种球场的各个洞区形状、尺寸都没有一定的标准,可根据设计师的创意随心所欲地设计。球场上的洞区大大小小,奇形怪状。当然,共性的地方是必须要有的,如每个洞区都有发球区、球道和进洞区三部分,但三部分的形状、大小可以随意,有的把球道和洞区设在了一起。这种自然洞区组合方式的球场,其设计更容易贴近园林,具有观赏性和娱乐性。

3. 混合洞区的球场

混合洞区即球场上的洞区不是各自分离的独立洞区,而是多个洞区合成一个洞区。彼此的发球区、球道和进洞区有可能是重叠的,如果做成18个洞的话,很可能洞穴只要5~6个或8~10个,虽然击球的球径不如分洞区的清晰,但混合的大洞区十分壮观,大片草坪不像小块的分洞区那样零碎。

(二)按球场建造的环境分类

按建造环境的不同,分别有园林式球场、庭院式球场、室内球场、屋顶花园式球场和广场排列式球场等。

(三)按球场造型的风格分类

根据球场障碍物、装饰物的不同造型和整个球场的不同造景可分为园林式球场、卡通式球场、科幻式球场、童话式球场,以及迷你高尔夫引进国门后再创造的中国园林式球场。设计者在掌握了迷你高尔夫球场的规律和这项运动的内涵后,可以创造出许多风格独特的娱乐型迷你高尔夫球场。

三、球场设计

上述分析的各种类型球场,区别在于球场洞区,球场设计要很好地应用洞区的特点,把它们融合到一个整体的娱乐型迷你高尔夫球场中。球场设计师可以充分发挥创造才能,设计出娱乐性强、球场环境新颖的迷你高尔夫球场,但设计时必须遵循下述原则。

第一,洞区顺序排列原则。球场上洞区应按顺序排列,从第1洞区打到第18洞区,球员按顺序行进,路线不重复,洞区不间断、不绕行。

第二,一杆进洞原则。在洞区布置障碍时,应该尽量做到每一个洞区都有可能打一杆就能击球进洞。当然这里指的只是可能,设计者要使球员感到有一杆进洞的可能性。

第三,洞区无重复原则。一个球场上布置的各个洞区,无论在洞区形状还是洞区障碍设置方面都不能有重复。如果球场设有18个洞区,那么18个洞区就应有18种形状和18种障碍,彼此都不应该有相同的设计。

第四,球场的和谐原则。球场洞区的形式、风格和结构应该是一致的,并且和球场的环境造景达到和谐。不能在一个球场上既有木质洞区又有混凝土现浇洞区,不能有卡通障碍,又在欧式风格的球场造景中出现中国园林建筑,设计必须使娱乐性迷你高尔夫球场达到和谐。

四、迷你高尔夫的装备

(一)球杆

1. 球杆的构造

球杆分为杆头、杆茎和杆把三个部分。杆头可以由优质塑料、轻金属或钢铁等材料制成。通常击球的部位是杆头,手握的部位是杆把,连接杆头和杆把的杆称为杆茎。杆头上和球接触的平面叫作杆头击球面,击球面和地面垂直线之间的夹角称为杆头角(在迷你高尔夫运动中,也称之为击球角)。不同杆号的球杆,杆头角都不一样。杆的号码越大,杆头角也越大,也就能将球击得越高。而杆的号码越大,杆长却越小。

2. 球杆的分类及功能

迷你高尔夫球杆可以分为三类:木杆、铁杆和推拨杆。

木杆杆头用优质塑料或轻金属制成,杆头宽度很大,用来打远距离的球,木杆按长度分几个号码,1号杆最长,杆头角最小,击球有力,通常被球员选用来开球,所以又称开球杆。

铁杆杆头用钢铁制造,主要用于球道上击球,杆头前宽后窄。按球杆号码共分9种,1、2、3号为长铁杆,用于远距离击球;4、5、6号为中铁杆,击出的球高,落地后球能向前滚动一段距离;7、8、9号为短铁杆,经常用于近距离和击球较困难的球位或长草中使用,铁杆中也包括劈起杆和沙坑杆等专用球杆。

推拨杆是果岭上的专用球杆,没有杆头角,容易推杆入洞。推拨杆款式很多,球员选用完全从个人爱好出发。

表4-1　高尔夫球杆类型

种　类	长度(厘米)	重量(克)	杆头角(度)	杆柄角度(度)
木杆一号	107.9	371.3	11	55
木杆二号	106.7	378.8	14	57
木杆三号	105.4	386.3	17	59
木杆四号	104.1	393.8	20	60
木杆五号	104.1	401.3	23	60

续表

种类	长度（厘米）	重量（克）	杆头角（度）	杆柄角度（度）
铁杆一号	97.8	408.8	15	56
铁杆二号	97.8	416.3	19	57
铁杆三号	96.5	423.8	23	58
铁杆四号	95.3	431.3	27	59
铁杆五号	94	438.8	31	60
铁杆六号	92.7	446.3	35	61
铁杆七号	92.7	453.8	39	62
铁杆八号	91.4	461.2	43	63
铁杆九号	89	468.8	47	64
劈起杆	87.6	498.8	51	65
沙杆	87.6	498.8以上	55	66
推拨杆	87.6	543.8	56	

(二)球

迷你高尔夫球为白色，实心，质地坚硬，富有弹性，表面密排着凹坑。迷你高尔夫球的直径为4.11～4.27厘米，重量为45.93克，标准球速为75米/秒。球的表层有两种：一种是用巴拉塔树胶覆盖球体，这种球表面材料质软而耐磨，职业球员喜欢选用；另一种是用硬塑固体橡胶做球的表层，价廉耐用，是旅游者娱乐的理想用球。根据迷你高尔夫球的反弹高度、硬度和重量，常常在球上分别标出球号，以示区别。

(三)其他用具

迷你高尔夫运动的球员常常还要准备一套专门的用具，如球具包，发球时垫球的球座，以及球伞、手套和鞋、帽、服装等，需要球场配置的设备则更多。高尔夫球场是所有运动中场地最美的球场，面对一片绿色原野及溪流，置身于大自然中，令人神往。现代高尔夫球场经过测绘师、灌溉师、草坪养护专家和建筑师们的精心构建，球场的美源于大自然又超过了大自然。

五、开发地点与项目前景

(一)开设地点

乡村户外体育场或游乐场。

(二)项目前景与投资估算

乡村高尔夫运动的场地、设施的投资额为 40 万元左右,属于乡村户外体育旅游特色项目,旅游者喜欢率较高,而且旅游者喜欢率的高低与社会发展程度的高低成正比,所以项目前景很好。

第三节 乡村水上球类运动与休闲自行车运动开发设计

一、水上球类运动开发设计

(一)水上篮球运动概述

水上篮球是一项很多青少年和篮球爱好者喜爱的项目,也是旅游者特别是中青年旅游者喜爱的运动项目,其规则基本类似于竞技篮球的比赛,区别是:运动员在比赛过程中不许穿球鞋,服装为泳装。比赛类型有男子比赛、女子比赛和混合赛,场地上铺有一层防水布或合成橡胶,水面低于 0.5 厘米。

(二)水上足球运动概述

水上足球作为一项休闲娱乐项目,它既可以强身健体、愉悦身心、熟悉和提高球性,又可以培养人们的个性,培养团结协作、不怕困难、勇敢顽强的精神。水上足球的场地可大可小(一般以一个篮球场大小为宜),场地的四条边线为 1.6 米高的气囊墙,水面高度 0.01 米~0.015 米;人数可多可少(场地是一个篮球场大小时人数最好为 5 人,其中 3 男 2 女或 2 男 3 女为最佳),可分为男子组、女子组和混合组;球门可大可小(场地是一个篮球场大小时,球门的尺寸约为 1.5 米×1.2 米),比赛中没有专职的守门员,球门前有一条守门员限制弧。当对方射门时,防守队员中任何一个队员都可以在守门员限制弧内扑救球。进一球得一分,得分多者获胜。比赛分为上下半场,比赛时间可根据队员的体力确定,一般半场时间为 20~30 分钟为宜。基本技术和规则与 5 人制足球非常相似。比赛中双方队员光脚、着泳装进行比赛。

(三)水上球类运动开发设计建议

该类运动在夏季深受游客们的喜爱,尤其是北方游客。建议设置开发地点为长 150 米、宽 100 米的空地。预计场地设施的投资为 6 万~8 万元人民币,该项目旅游者喜欢率很高,市场前景良好,预计一年可以收回投资或略有盈余,是一项很好的投资项目。

二、休闲自行车运动开发设计

(一)休闲自行车运动概述

休闲自行车运动主要是根据自行车的种类来分类,有前后轮两人骑,前后轮三人骑,前后轮四人骑及前一轮后二轮两人骑等,这项运动既可作为一项户外体育旅游活动来开展,又可以作为一项竞赛来举行。休闲健身自行车运动产生于 20 世纪 80 年代的美国,后流行于欧洲、日本等一些发达国家,近年来在我国许多地方也开展起来。此项运动主要开展地是乡村旅游景区,特别是在环境优美、空气新鲜的自然环境中,更为广大的旅游者所喜爱。建议设计开发地点为地势平坦的路段,沿途景色宜人最佳。

(二)休闲自行车运动开发设计建议

目前,休闲自行车运动还处于发展初期阶段,规模较小,参与人数较少,发展理念较落后,相关从业者专业化程度不高,滞后于其他项目的发展水平。休闲自行车项目要健康发展,应该转变经营管理理念,适时地引入现代企业先进的管理理念和商业化运作模式,把休闲自行车项目建设得更加正规化、专业化、制度化。同时,还要注重休闲自行车文化的建设,使旅游者在参加活动的过程中得到成长,在旅游地找到归属感,同时将休闲自行车文化进行传播。此外,休闲自行车项目经营者与骑行游客都要重视安全保护,在活动时要强化安全保障措施。休闲自行车运动作为一种绿色环保,无污染,健康且休闲的体育旅游运动项目,能够使参与者在大自然中放松身心、锻炼身体、增长知识,还能够有效减少碳排量,减少环境污染。

第五章 乡村极限运动体育旅游产品开发

第一节 蹦极运动开发设计

一、蹦极运动的产生

蹦极这项风行于现代的运动,起源于南太平洋瓦努阿图岛原始部落的一种成年仪式。几百年前,瓦努阿图土著部落的男人必须经受住高空悬跳的考验,才能算是成年。他们用藤条捆住双腿,从 35 米高的木塔上往下跳,在离地面很近时突然停止,然后全村男女老少围着他载歌载舞,庆祝他成功通过了成年仪式的考验。这种仪式后来传到了英国,成为一种观赏表演,但表演者必须穿燕尾服,头戴礼帽。在欧洲大陆,这种仪式逐渐变成一项休闲运动。这项运动后来传到美国,美国人首次使用了橡皮绳蹦极。但真正发扬光大蹦极运动的是新西兰人,他们成立了世界上第一个反弹跳跃协会,并在 1988 年首次向社会公开表演蹦极运动,借此机会大力推广这一运动。目前,世界上很多国家都建立了蹦极运动基地,如新加坡、日本、加拿大、澳大利亚以及一些欧洲国家。1996 年,蹦极运动传入中国。随着蹦极运动的发展,其形式也越来越多样化,目前常见的主要有三种:桥梁蹦极,在桥梁上伸出一个跳台,或在悬崖绝壁上伸出一个跳台;塔式蹦极,在广场上建造一座斜塔,然后在塔上伸出一个跳台;火箭蹦极,顾名思义,将人像火箭一样向上弹起,然后上下弹跃。

此外还有一种新的蹦极形式,我们称之为飞天蹦极。飞天蹦极运动已在我国的福建、上海、贵州等地的乡村户外体育旅游地开展。这一被称为"勇敢者的运动"的项目,正以其无法替代的魅力吸引着越来越多的乡村户外体育旅游开发者与千百万"挑战自我、证实自我、超越自我"的旅游者参与其中。

二、蹦极运动的注意事项

蹦极对身体素质要求较高,凡是有心脑血管病史的人不能参加。深度近视者也不宜参加,因为蹦极跳下时参与者的头朝下,人身体以较大的加速度下坠,很容易引发脑部充血而造成视网膜脱落。参与者跳下前应充分活动身体各部位,以防扭伤或拉伤。另外,着装要尽量简便、合身,不要穿易飞散或兜风的衣物,跳出后要注意控制身体,不要让脖子或胳膊被绳索卷住,否则十分危险。

三、开设地点与项目前景

(一)开设地点

根据对乡村户外体育旅游景点、自然资源、生态环境的了解与调查,蹦极运动最合理的高度应不超过100米,下面最好为水面,这样符合悬崖蹦极的条件和要求,在这种场地开展乡村户外体育旅游蹦极运动最合适。为促进乡村户外体育旅游业的发展,增加户外体育旅游项目,丰富其内容,其组织与实施可由旅游、体育部门牵头,招标承包。

(二)项目前景与投资估算

蹦极运动是一项深受青少年和中年体育旅游者喜爱的旅游项目,在各乡村户外体育旅游项目调查中也是属于喜爱率很高的项目之一,此项目有广阔的市场。按目前各地的旅游者人数、项目喜爱率及市场现状,预计较短时间可以收回投资,且略有回报,是一项效益较高的投资项目,该项目的投资额约为80万元人民币。

第二节 攀岩运动开发设计

一、攀岩运动的形成与发展

攀岩运动于19世纪萌芽于欧洲,兴起于20世纪50年代末60年代初。攀岩技术本是登山运动的基本功,随着攀岩运动的不断发展,竞技攀登首先于20世纪60年代在苏联兴起。

现代竞技攀登的兴起一般认为是在20世纪80年代,而这很大程度上受益于该项运动在西方发达国家的开展和普及。那些训练有素、目的明确的运动员开始像准备参加奥运会一样刻苦训练,并使用高技术的装备和科学的攀登技术,使攀登水平达到了前所未有的高度。运动员不仅竭力想征服岩壁,而且拼命要战胜对手。

竞技攀登比赛引起广泛兴趣始于1985年意大利的难度攀登比赛。比赛以速度与风格作为胜负的裁判标准。1988年6月,国际竞技攀登锦标赛在美国犹他州斯诺伯举行,比赛进行了两天,参赛的都是一流高手。1989年,首届攀岩运动世界杯赛分阶段在法国、英国、西班牙、意大利、保加利亚和苏联举行,大赛规定运动员参加各阶段的比赛,最后累计总成绩,进行总的排名。总成绩最好者可荣膺世界杯。此后,世界杯赛每年举行一次。1991年1月2日,"亚洲攀登比赛委员会"在香港正式宣布成立,这标志着亚洲竞技攀登运动进入了一个新阶段。我国从1993年举办第一届全国攀岩锦标赛以来,至2019年已举办了27届比赛,吸引了众多的攀岩爱好者,造成了一定的声势和影响,为我国进一步开展该运动打下了基础。

二、攀岩运动的种类

一般而言,按历史发展过程分类,攀岩运动到目前已形成三种类型。

攀登悬崖峭壁:这在国外十分盛行,因为这是登山者必须掌握的一项基本技术,因而吸引着大批的登山和攀岩爱好者。

休闲式攀岩(或称抱石攀登):实际上是攀爬天然岩石活动的扩大和延伸,抱石攀登更具有活力和现实意义,这项运动在法国开展得很普遍。

人工岩壁攀登:该项运动从20世纪80年代开始风行全球。

上述三种攀岩类型是在攀岩运动发展过程中逐渐形成的,攀岩如今已被公认为是高雅、文明的高层次体育休闲活动。随着社会经济的不断发展,人们生活水平的不断提高,这项运动也逐步被更多的年轻人所接受和喜爱。

按竞技方式,攀岩运动又可分为以下几类。

难度攀岩:运动员下方系绳保护,带绳向上攀登,并按照比赛规定有次序地挂上中间保护挂索的比赛。以运动员获得的高度(如果是横跨,则指沿路线轴最长距离)决定运动员在每轮比赛中的名次。

速度攀岩:指上方系绳保护,运动员按指定路线进行速度攀登的比赛。运动员按完成比赛路线所用的时间来决定每轮比赛的名次。

大圆石攀岩:区别于速度攀岩和难度攀岩比赛。岩石高度不超过4米,每条路线不超过12个支点。攀登时运动员不系绳保护,每次比赛需要选择10条路线攀登。

个人单攀岩:分男子单人和女子单人攀登比赛。这种比赛不仅比攀登技巧(包括技术水平和技术装备的应用),还比通过全部路线的时间(从出发点到岩壁顶部,或来回所用的时间)。比赛在同一地形上进行,运动员一个个地进行攀登。

双人结组攀岩:每组2人结组进行攀登,路线由裁判员指定。与单人攀登赛不同的是两人必须结组进行攀登。除比赛攀登技术和速度外,还要比赛互相保护的技术。其中的自选路线攀岩由运动员自己选择上岩壁顶部和下降的路线。在距离攀登岩石坡面500~800米远的地方,运动员用裁判员提供的望远镜和绘图工具选择路线,并在绘图板上标明自己选好的路线。实地攀登时,运动员不能离开自己事先确定路线20米远,这种比赛不仅比攀登技术和攀登速度,同时还比路线选择的好坏。

集体(小队)攀岩:这种比赛与登山活动一样,参加者事先编好小队(4~6人),背负全套攀登装备(睡袋、帐篷、饮具、保护器材、绳索、冰镐等),通过事先指定的路线按指定地点搭设和拆除帐篷,在途中攀登时交替保护。其比赛内容包括攀登技术、小队战术、保护技术、通过全部路线的时间等,这个项目也可进行小队自选路线攀登。

三、攀岩运动的装备器材

攀岩的装备器材是攀岩运动的一部分,是攀岩者的安全保证,在自然岩壁的攀登中尤其如此。因此,平时要爱护装备并妥善保管。装备分为个人装备和攀登装备及其他装备。

(一)个人装备

包括安全带、下降器、安全铁锁和绳套、安全头盔、攀岩鞋、镁粉和粉袋等。

安全带:攀岩安全带与登山安全带有所不同,属于专用,不适合登山,但登山安全带可供攀岩时使用。

下降器:"8"字环下降器是最普遍使用的下降器。

安全铁锁和绳套:用于攀登过程中进行休息或进行其他操作时的自我保护装备。

安全头盔:一块小小的石块落下来就可能造成极大的生命危险,因此头盔是攀岩的必备装备。

攀岩鞋:一种摩擦力很大的专用鞋,使用它可以节省很多体力。

镁粉和粉袋:手出汗时,抹一点粉袋中装着的镁粉,手立刻就不滑了。

(二)攀登装备

包括绳子、铁锁、绳套、岩石锤、岩石楔等物品,有时还要准备悬挂式帐篷。

绳子:攀岩一般使用直径9~11毫米的主绳,最好是11毫米的主绳。

铁锁和绳套:是连接保护点和采用下方保护攀登法必备的器械。

岩石锥:是固定于岩壁上,由金属材料制成的各种锥状、钉状、板状保护器械,可根据裂缝的不同而使用不同形状的岩石锥。

岩石锤:钉岩石锥时使用的工具。

岩石楔:可以随时放取的固定保护工具,其作用与岩石锤相同。

(三)其他装备

包括背包、睡具、炊具、小刀、打火机等,视活动规模、时间长短和个人需要而定。

四、攀岩运动的场地

攀岩场地有人工攀岩场地(人工岩场)和自然岩石场地(自然岩场)两种。

(一)人工岩场的攀岩

由于攀岩的岩面固定在支撑钢架上,比赛地点比较自由,设置地点具体办法和细则可参考国家体育总局和地方极限运动管理中心相关规定。

(二)自然岩场的攀岩

目前国际上将岩石陡壁分为8个等级。一级、二级容易攀登,坡度在75°以内,适合初学者练习或攀岩爱好者娱乐。三级、四级有一定难度,坡度一般在75°以上,个别地段为85°~90°,可供有一定攀岩训练基础的人攀登,也可作教学和基层开展攀岩比赛使用。五级、六级的难度较大,可作运动员及具有一定基础的攀岩队员使用,其坡度较陡,绝大部分为85°~90°,个别地段超过90°。有时运动员还必须借助特殊的装备进行攀登。七级、八级的难度更大,称特难级,一般坡度都在90°以上,有的地段呈屋檐形。

五、开设地点与项目前景

(一)开设地点

根据调查与测算,攀岩运动一般最宜在高度为80~90米左右,面积为20亩~100亩(1亩≈666.6平方米)左右的空地,交通便利,周围环境优美,这样才是开展竞技攀岩、大众攀岩活动的绝佳岩场。良好的环境及鬼斧神工的山崖,不仅是运动员创造优异成绩的场所,而且也是广大乡村户外体育旅游者悦心健身、挑战自我、寻求刺激的去处。建议此项目应在资金投入、人员投入等方面予以重视,作为拳头产品予以开发。对大众攀岩活动,乡村户外体育旅游地应提早动手开展,并且进行有效营销,尽快占领市场。

(二)项目前景及投资预算

该项目如果用于大众健身,投资约为15万元。如果作为竞技比赛来开展,投资约为 30 万元。此项运动在乡村户外体育旅游地开展最好要有资源优势。竞技攀岩活动的开展,应与我国登山协会取得联系,协商在乡村户外体育旅游地举办攀岩邀请赛等活动,从而扩大知名度,招徕更多的旅游者。

第三节 热气球定点飘运动开发设计

一、热气球定点飘运动概述

热气球定点飘运动也称载人升空运动,或飞天蹦极运动,是用充满不燃烧的惰性气体的气球或热气球,以一定的速度把人从地面拉向空中,当到达一定高度后,旅游者可以在高空俯瞰景区,获得极大的精神满足。然后再通过人力绞盘机把气球拉回地面,从而完成载人升空再返回地面的过程。在整个上升和下降过程中,游客有明显的失重、超重感觉,极富有挑战性。该项目已在我国各大乡村户外体育旅游地开展,被称为"勇敢者的运动"。

二、项目的开发地点

根据对乡村户外体育旅游景点、自然资源、生态环境的了解与调查,乡村户外体育旅游地大多具备开发此项运动条件。以景区生态旅游区为依托,在平地、湖坝前、山沟均可进行该运动,依山傍水,风景优美。开展热气球定点飘运动项目,可使国内外旅游者领略我国的乡村山水风光。

三、项目前景与投资估算

热气球定点飘运动场地的器材设备投资额约为人民币 10 万元,如果在多个地方同时投资开发约需人民币 40 万元,市场前景良好。估计短时间可以收回投资并且略有盈余,是一项经济效益很高的投资项目。

第四节 动力伞运动开发设计

一、动力伞运动概述

人类最古老的梦想和最向往的是能像鸟一样在蓝天中飞翔。当前,有一种独特的飞行器可以给人们的梦想插上双翼——动力伞。它的设计目的只有一个,就是把神奇、刺激的飞行功能提供给尽可能多的人。因此,动力伞飞行作为一个新兴的航空运动项目与乡村户外体育旅游项目,正在进入广大航空爱好者和旅游者的生活。

动力伞与飞机或轻型飞机不同的是,其飞行技术简单易学,活动费用低廉,安全可靠,这是它能为人们普遍接受的重要原因。如果你是一个有经验的飞行员,只要接受不足一小时的技术指导即可驾驶动力伞飞上蓝天;即使是从未学习过飞行的人,只要有足够的胆量,通过几天的学习培训,同样可以轻松地独自到蓝天中去飞行。

动力伞结构简单,它是将一具从山坡助跑升空的滑翔伞与一台背在背上的动力装置组合在一起构成的最简单的飞行器,由螺旋桨产生的推力可以帮助飞行员从平地上起飞升空。在空中加大动力,动力伞就爬升;处于中等动力状态,动力伞则保持水平飞行;减小动力时它就下降高度或着陆。实际上,动力伞是一架"带动力的降落伞"。万一发生发动机空中停车的情况(当然这种情况很少遇到),它就变成一具跳伞运动员用的普通的、无动力的滑翔伞,仍能保证飞行人员安全返回地面,我们说动力伞飞行是安全的,原因就在这里。动力伞起飞和着陆速度低,它不需要机场,只需要有一块面积足够大的开阔地(比足球场稍大)即可。

可以说动力伞是实现我们梦想的"空中娱乐飞行器"。对于没有任何飞行经验、想学习动力伞飞行的人,最好先找一个航空俱乐部去学习从山坡上助跑起飞的滑翔伞飞行技术,对这种柔性翼滑翔伞的结构、性能和操纵技术有所掌握,在取得B级以上滑翔伞运动员证书之后,再去学习动力伞的飞行则比较恰当。动力伞飞行仅有两种重要的操纵方法,飞行员用双手去操纵伞衣的一副操纵圈和一个发动机油门开关。操纵圈用于进行空中的方向操纵,油门开关则控制动力伞的起飞、上升和下降。当然,最基本的动力伞飞行操纵则要求通过飞行练习去掌握它操纵的协调一致性。

当具备了对滑翔伞的一般知识的了解和操纵技术之后,就可以转入学习动力伞的飞行。在进行飞行练习前,指导者都会制定详细的飞行训练计划,包括飞行航线,并作飞行演示。这主要是让每个参加学习的人预先知道在飞行中怎样去做,先有个感性认识,消除疑虑和紧张情绪,从而轻松自如地去享受空中旅行。

在正式进入空中飞行训练之前,首先要准备装备,包括合适的飞行服装、头盔、鞋和飞行仪表以及一台用于和地面上教练联络用的无线电对讲机。其次要先进行地面练习,包括对伞具和发动机的检查,伞背带系统的正确佩挂和调整,起跑过程中对伞和发动机操纵的协调等。

二、起飞

练习者正对风向起飞,向前奔跑的同时要随时检查伞衣姿态,并逐步前移油门开关至最大动力状态。如在向前奔跑中伞衣不对称或"气室"有些塌陷,又操纵调整不过来,则应立即收小油门,关闭发动机停止起飞,然后再重新起飞。如果起飞过程一切正常,在短距离助跑获得足够的离地升力开始上升之后,仍要保持油门在全功率状态,以每秒 2～2.5 米的上升速度爬升到 100～120 米的高度(依据高度表或教练的指令),然后缓慢、轻柔地减小油门改为平飞。在这个过程中动力减小一定要平稳柔和,以防止吊在伞衣下面的人体产生不必要的摇摆,接下去就可以进入航线飞行了。

三、首飞航线

在乡村户外体育旅游过程中,最为合适的动力伞运动训练航线应是一条矩形航线。首飞航线的训练飞行从起飞到着陆共进行三轮航线飞行。练习者起飞爬升到 100 米左右高度,改为平飞到达场地边缘时将左操纵圈拉下 1/3 到 1/2 开始作左转弯,在 1～2 秒钟后动力伞将轻巧地带坡度转弯。当到达预定的方向位置后,则放松操纵圈恢复直线飞行。接着按指导者的指令,在平飞状态下,沿场地边缘做第二次和第三次转弯。在保持水平直线飞行时,应随时注视指导者和风向袋的位置。练习者在训练飞行开始时就一定要养成这种观察习惯。

如果在飞行中感到有轻微的爬升或下降,则要随时略作动力修正,并去体验和掌握保持平飞状态的油门位置。由于离地面高度足够,低速飞行的动力伞会给你充裕的时间去进行调整。

当完成三次转弯,保持直线平飞到达起飞点上空时,这时可以开始做两次轻柔的"8"字形飞行。第一次向右作一次完整的圆周飞行,拉下右操纵圈的位移量要略微大些,并保持住,在完成圆周飞行之后,即时放松操纵圈,这时要注意体验一下动力伞是怎样自主恢复水平飞行的,接着再以相同的技术去拉下左操纵圈完成第二个圆周飞行。在完成两次圆周飞行后,保持直线飞行数秒钟,然后再以一个轻柔的左转弯沿场地边缘进入标准航线,作第二轮的练习飞行。在第二轮航线飞行中完成 2 次左转弯之后,则准备进行"着陆进入"练习,进一步体验动力伞降低高度的操纵要领。当位置与起飞点齐平时,慢慢放松油门开关。随着动力的减小,动力伞开始柔和地下降高度,同时继续围绕起飞区域后面的航线飞行,这就是通常所说的进入"底边"和"归航航线"或"最后进入",这时练习者必须按风向袋或指导者的指示进行左(右)转弯修正,对准风向逆风飞行,同时在接近着陆区终点 15～20 米的范围内检查下沉率是否正确,并作小的动力修正。应当记住:较大的动力意味着"上升",较小的动力则意味着"下降"。进行动力修正时,一定要把握少量、平稳和缓慢的原则。当下降到距地面 10 米左右的高度时,控制住油门改为平飞,飞过起飞点之后,再略微加大油门向上爬升到 15～20 米的高度,接着进入合轮航线飞行。在第三轮的航线飞行中,再开足马力向上爬升到 100 米左右的高度,转入平飞,当经几次转弯进入底边后,就可以减小油门开始下降高度、准备着陆了。当转弯进入终边 30 米左右的高度,关闭发动机,并目视对准着陆点作无动力的滑翔,此时应双手略微拿住操纵圈,以控制住下降速度。在离地面 3~5 米的高度上,双手同时把操纵圈向下拉到底,实施"雀降"着陆。接地后尽量保持身体平稳,而后转身面对滑翔伞。并让伞衣侧落到地面上。至此,首次动力伞训练飞行就全部结束了。

四、注意事项

(一)摆锤稳定性

动力伞与刚性翼的飞机或超轻型飞机不同,它是一种柔性翼的飞行器。由于练习者和发动机组件通过伞绳和背带系统吊在伞衣下面,伞衣很轻而悬挂物则很重,这就像我们在物理学中学过的单摆一样,整个系统具有"摆锤稳定性"。如在空中受到干扰(如阵风),会把练习者和发动机一起推离正常位置,而后它又会自动摆回到伞衣中心下面的正常位置上。这种自我修正的稳定性,就是使动力伞变得简单和容易飞行的特点和关键。在调整动力伞空中位置变化时,可能会稍有"点头"的情况,这时必须要镇定,只要伞衣状态正常,不必要去采取任何操纵修正措施。

(二)动力伞摆动

动力伞摆动是过快、过猛地减小动力,会使组件向后摆,伞衣会产生 1~2 秒的"低头"倾向,在没有稳定、有轻微下沉的瞬间你会有"下坠感",感觉动力伞下降有点快,这时只要等 1~2 秒钟,这种感觉就会消失。所以在靠近地面、高度较低时,减小动力更要缓慢柔和,否则可能会发生危险。

(三)掌握好操纵量

由于伞衣与组件之间是柔性连接,操纵响应有 1~2 秒钟延迟,对于正常、轻巧的转变,操纵圈只要拉下 1/3~1/2 行程就足够。对转变操纵一定要轻柔、平缓和适量,切忌猛拉猛放和操纵量过大。动力伞在转弯带坡度飞行时由于离心力和摆动稳定性的双重作用,组件会摆动到弯道外侧,这就是通常所说的"协调转弯"。操纵圈放松之后,动力伞也要延缓 1~2 秒才能自行恢复正常飞行。

(四)开始起飞助跑

开始起飞助跑时,练习者背负动力装置奔跑过程中,会有"颠簸"感,几秒钟之后当获得足够的离地升力时,会感到组件摆进伞衣下面,这种现象也将随之消失。此外,在助跑阶段,练习者还会有动力伞企图改变方向的感觉,这是螺旋桨扭矩和对风运动倾向的反应,只要前方无障碍物,且方向改变不大,你就不用管它,继续向前助跑,完成起飞。如前方有障碍物,则要及时收小油门,关掉发动机并停止起飞活动。

五、紧急情况处理

开始学习动力伞飞行时,指导者会尽一切努力来帮助你的首次飞行成功,以增强信心,使你顺利成为一名动力伞飞行员。但是,在进行动力伞飞行训练之前,也必须要知道处理飞行过程中遇到问题的常识。

(一)起飞

在起飞助跑之前,一要先看好风向袋的指示风向,对准风向后再起伞,并在前方找个目标,确定起飞路线。二要听从指导者的指挥,按他的指示要求去做。如在驾伞奔跑过程中伞衣姿态不正或侧倒,就要适时关闭发动机,收伞后回到起飞线重新起飞。要时刻谨记:在伞衣姿态不佳时,千万不可强行起飞升空。

(二)电台联络不通

无线电对讲机只是一种辅助设备,供指导者与练习者进行联络,万一在飞行练习过程中通信联络中断,千万不可慌乱。要做的还是按照指导者安排的训练计划和飞行航线继续飞行。这时要随时注意地面上指导者用红旗发出的指示信号进行操作。

(三)发动机空中停车

这种情况一般不大会发生,但也有可能会遇到。发动机空中停车通常是由于机械故障、油路堵塞或供油不畅,或者是你在飞行中误按了停车开关。当飞行中遇到发动机突然停车的情况,要冷静处置,切不可惊慌失措。因为动力伞即使失去动力,滑翔伞也足以保证你安全返回地面。万一碰到发动机空中停车,可按下列要求去做。

第一,转向一个安全、开阔的着陆场,准备作紧急着陆。我们推荐的矩形航线,就是为每个动力伞练习者进行首次训练飞行而设计的,它能保证你的整个飞行期间离场地都很近,有足够的时间处理一切,包括选择着陆场。只要你在飞行航线上,都可以随时转弯进入场地逆风着陆。

第二,调整下沉率。动力伞失去动力之后,将会以比动力飞行较大的下沉率下降,这时就应对滑翔伞进行适当操纵,减小下沉率。在驾伞下滑准备着陆时,选好着陆场,并调整航线对准风向下降。在距地面3～5米的高度上实施"雀降"着陆。

动力伞练习者在有了第一次训练飞行体验之后,驾驶动力伞在蓝天飞行的愿望将会越来越迫切,兴趣会越来越大。当然,通过更多的飞行训练,你将会学习到越来越多的关于这个独特的"娱乐飞行器"的各方面的知识,并能轻松地处理飞行中遇到的各种问题。这里需要再次提醒大家的是:每次动力伞飞行都要选择良好的天气,当气象条件不适宜飞行时千万不可贸然升空,以免发生危险。

六、开设地点与项目前景

(一)开设地点

建议可在场地宽敞、视野开阔、交通便利的户外开设,这样利于旅游者观赏和比赛组织工作进行。动力伞运动可以作为乡村户外体育旅游项目长期开展。

(二)项目前景及投资估算

该项目的投资约为60万元左右,目前在国内乡村户外体育旅游市场开展的项目只有寥寥数个,在许多乡村户外体育旅游地还是空白,但该运动的中青年旅游者喜爱率很高,有很好的市场前景。

第五节 轮滑运动开发设计

一、轮滑运动概述

轮滑运动是近年来产生和发展起来的一项体育运动,也是广大旅游者非常喜爱的乡村户外体育旅游运动项目之一,它既能锻炼身体、增强体质、消除疲劳、调节精神、提高平衡能力和协调能力,又是一种交通代步的工具。这项运动包含众多小项目。狭义轮滑运动俗称"滑旱冰",是脚蹬四轮或两轮装置在地面上滑行的运动,包括速度轮滑、花样轮滑、轮滑球、滑板。它既可作为一项竞技运动进行比赛,又可作为一种休闲健身运动供人们娱乐。轮滑运动在中国开展得较晚,但发展较快,国内目前已建立约7 000多个轮滑、旱冰场地。

二、轮滑运动的特点

轮滑作为一种娱乐项目早在19世纪末便传入我国，而作为一种体育项目在我国开展，则始于20世纪80年代初。作为竞技体育项目，轮滑在我国还处于发展阶段，但作为一种体育运动，早已在全国各地普及了。轮滑是借助半机械性轮滑鞋展示自己体能与风采的运动，深受青少年的喜爱。具体地讲，其有如下特点。

(一)娱乐性

轮滑有很强的娱乐性和趣味性，通过这项运动，可使人们从平时紧张、压力繁重的学习和工作中解脱出来，达到身心放松的目的。

(二)健身性

轮滑是一项全身性运动，它能促进心脑血管系统和呼吸系统机能的改善和代谢作用的加强，能增强臂、腿、腰、腹等肌肉的力量和身体各个关节的灵活性，特别是能提高人们掌握平衡的能力。

(三)工具性

除了上述两个特性外，轮滑还具有很多体育项目所不具备的一个特性，就是它可以当作交通工具。一般情况下，在平整的路面上，轮滑可以代步成为交通工具。在交通越来越拥挤的今天，轮滑不失为一种流行和时髦的交通工具。不过，当你滑轮滑穿梭于车来人往的大街时，一定要注意交通安全。

三、轮滑竞技项目

轮滑是一种休闲运动，同时也是竞技项目，随着它的不断完善，现在已形成多项轮滑竞技项目，目前奥运会已出现了轮滑的身影。

(一)速度轮滑

以单排、双排轮滑鞋为比赛工具的竞赛项目，具体项目有场地赛和公路赛。场地赛项目，男子有500米，1 000米，1 500米，3 000米，5 000米，10 000米，20 000米等项目；女子有500米，1 000米，3 000米，5 000米，10 000米等项目。

(二)轮滑球

该运动看上去像是门球和曲棍球的结合体，双方各出5人在44+22米的场地上进行比赛,规则类似冰球,但不允许身体冲撞或阻挡,一场比赛为 2～3 节,每节 15～20 分钟,进球多的一方为胜者。

(三)花样轮滑

分为单人、双人轮滑舞和圆形滑舞(规定动作)。根据动作的难易程度、舞姿的优美程度打分确定胜负。

(四)极限运动的技巧

利用 U 形台等器具做各种各样惊险、复杂的技巧表演动作,它也是轮滑竞技项目最吸引人的一项。

四、轮滑运动开发设计建议

轮滑运动在乡村户外体育旅游开发中占据重要位置,建议在空旷广场、漫步道等地开展。

轮滑运动经历了近几年的快速发展,一体化的营销模式已经成熟,旅游者对轮滑运动的认识和需求也将越来越多元化。如今国家大力倡导全民健身,无论政府还是企业都应该抓住这个难得的机遇,充分发掘广阔的户外体育旅游市场,而轮滑运动正是一个很好的切入点。企业营销产品,政府宣传乡村,企业和政府可以进行整合营销,积极合作举办或承办一些具有社会关注度和影响力的轮滑赛事。同时旅游地也应注重和民众间的互动,加强与民间轮滑组织的联系,开展形式多样、具有娱乐性的公开演出、趣味活动以及休闲轮滑相关知识宣讲等,借助活动吸引更多的民众了解轮滑、参与轮滑、科学进行轮滑,将乡村户外体育旅游和轮滑运动相互渗透融合。体育旅游管理部门和工商管理部门应对轮滑市场进行规范管理,合理分类、加强监管,以科学和人文的态度治理目前轮滑市场中出现的矛盾和问题,使轮滑市场更加稳定和健康。

第六章　乡村特色运动体育旅游产品开发

第一节　赛马与垂钓开发设计

一、赛马运动的开发设计

(一)赛马运动概述

赛马运动是南方旅游者非常喜欢的乡村户外体育旅游项目之一。骑马是在一定场地内人骑马的运动，难度较小。但是，指导人员和比赛组织者一定要有安全意识并做好安全措施。赛马运动作为与其他旅游产品相组合、配置的乡村户外体育旅游产品，也是留得住旅游者的项目，应该得到重视并予以开发。赛马时可在比赛线路上设计一些障碍，如沟、坎、小溪等。对有一定骑马水平的旅游者，增加一些难度和刺激是很有必要的。另外，还可以配合设置人牵羊、狗等动物跑的娱乐项目。建议选择户外牧场、空旷之地进行赛马运动开发。

(二)赛马运动开发设计建议

1. 建立马主题公园

可结合社会实际，与马术俱乐部、旅游区管委会合作，对旅游区内涉马产业进行统一规划，建立具有浓郁地方特色的文化型、休闲型和生态型马文化森林（草原）主题公园，为旅游区制造新的经济增长点，同时也拓宽收入来源渠道。在建立主题公园的同时，应结合旅游区所在地实际，以建促兴，通过主题公园建设带动地方经济和产业发展。

2. 进行马术表演

为了突出马这一主题，可以旅游为契机，在景区内进行表演，将马术表演融入民俗风情中，着重突出驯马、御马、牧马等民族特色马术表演，不断为景区寻找新的旅游亮点，吸引游客观赏和参与。

3. 定期举办比赛

以协助县级俱乐部为基础，每周组织马术比赛；以邀请赛为前提，在景区开放时间内，每月组织马术盛会，推动马术的发展。定期组织不同级别的马术邀请赛，比赛突出高标准、高水平，同时以举办赛马为契机，组织赛马选美比赛，对于优胜者给予奖金和证书鼓励，并对品质优良、血统优异的赛马在配种、繁育方面提供支持，促进马种交流，从而丰富马种基因库，促进国内马术交流，提高马术竞技总体水平。同时，通过举办这些比赛吸引客流，拉动景区及周边地区经济发展。

4. 开展特色服务

在景区内，各民族工作人员可以着本民族服装接待四方游客，更可以设立"骑士"——巡逻人员身着本民族服装，骑马对景区进行巡逻，与旅游者合影，可为景区制造新的风景线，同时担负起保安的工作，减少安保成本。由于骑马巡逻对马匹、骑术要求较高，这为各大俱乐部退役运动员与马匹解决了后顾之忧。为了突出主题公园特色，可以在景区限制电瓶车、缆车等游览辅助设施的投入，除了为特殊人群（老、弱、病、残）提供缆车电瓶车服务，其他旅游者均骑马游览景区。同时推出以骑马游览为主题的"自驾游"，旅游者不仅能够参观游览，也可参与其中，尽享骑马带给人的愉悦和刺激，既突出了公园主题，也减少了污染和道路开发等对景区环境造成的破坏。同时在景区内推广马车等交通方式，拓展马匹在景区内的作用。

二、垂钓运动的开发设计

（一）垂钓运动概述

高雅古朴的垂钓活动作为我们古老文明的一个小小侧面伴随着历史延续下来，历数千年而不衰，日益为广大人民所喜爱。在内陆淡水水域开展垂钓活动由来已久，它起源于古代先民的生产活动，随着生活环境的安定和生活水平的提高，逐渐从生产活动中分离出来，成为一种充满趣味、活力，格调高雅，有益身心的户外体育旅游活动。我国有纵横交错的河流，星罗棋布的湖泊，穿山越谷的溪流，为垂钓提供了优良的自然钓场和丰富的鱼类资源。古往今来，无数钓鱼爱好者陶醉于这项活动之中，他们怀着对大自然的热爱、对生活的激情，走向河边、湖畔，享受生机盎然的野外生活情趣，领略赏心悦目的湖光山色。深谷的清风吹走了城市的喧嚣，钓竿的颤动带给老人以童子般的欢乐，只要一竿在手，性情暴躁的小伙子也会"静如处子"——此中乐趣无法用语言来描述。

1. 近岸垂钓

在野外垂钓,一般钓远、钓深是旅游者经常的垂钓选择。不过,在很多情况下,钓近反而比钓远好。因为钓近完成时人很轻松,故作为长途跋涉的垂钓者的一种休息手段,近岸垂钓越来越受到旅游者的欢迎。

(1)乱石中近钓。对江钓而言,江边的乱石较多,鱼特别喜欢在那里藏身。乱石深浅不一,又特别容易挂钩,所以乱石中并不是到处都可以下钩的,须找乱石中较深、较大的石缝,底部有小块的平地为佳。这样的钓点很难找,一旦找到这样的地方,则可以连续钓好几年,直到被河沙淤塞、填平为止。乱石中近钓有较强的季节性,一般是每年汛期过后,江水退平的秋天到初冬时节。

(2)陡壁下近钓。陡壁下一般水很深,虽为近钓,人和鱼的距离却不近,鱼情一般不会太差。水库的陡壁处多为石质壁面,水底也多为石质,若水表面没有水草,是留不住鱼的。水草多的话,则可以就近下钩。池塘的陡壁处多为土质,岸边灌木、杂草丛生,水一般也较深,是较好的钓点。江边的陡壁处多为沙土,经常发生崩塌现象,每年汛期后退水,在崩塌处往往是夜钓鲶鱼的极好时机,不过要注意安全。通往江河的排水闸的出口处都是砖石、水泥砌成,在排水缓慢时紧靠闸壁下钩,是钓鲶鱼的好方法。使钓饵刚刚擦底,用较大的鱼漂进行漂流钓,钓饵反复地自上向下漂流即可。

(3)白水中近钓。初冬时节若遇连续几天的晴好天气,则可在池塘近岸水草旁较浅的白水处提前打好窝子,以蚯蚓为饵,拖拽引逗钓法和包食定点钓法相结合,常常引逗鱼儿开口,而且所获多为大鲫鱼。

(4)草窝近钓。垂钓时最舒适、省力的,莫过于草窝近钓。此钓法定点准确,受风浪影响较小,水的深度几乎没有变化,钓组可以调得非常精细、灵敏。此法最忌喧闹,钓者宜静不宜动,打窝以包食、蘸粉为主。此钓法四季皆宜,夏天的早晚、冬天的中午前后最为有效。

2. 夜钓

夜晚的光线,除去一些暂时性的或地方性的现象(类似极光、火光和暮光),主要光源是月光和空气折射的光,它们的照明强度是随各个时段、季节和不同地方而变化的。一般来讲,空气层所发的光约占60%,星光和夜光各占20%,所有这些光源发出的光,在晴天时照度约为0.001勒克斯,在有云出现的时候,特别是夏季,夜光通常都在减少,在阴天时最暗,照度可降到0.0001勒克斯。

夜钓多在夏日进行。白天气温达30℃以上时,烈日当空,高温酷暑,鱼类多潜伏在深水区或因水中缺氧而上浮不食,夜晚气温降至20℃~25℃,待空气凉爽而舒适时,鱼类又本能地开始摄食,并且十分活跃。夜晚垂钓不仅具有魅力,而且往往钓鱼效果比白天更好。

夜钓技法较多,钓具也不尽相同。竿线长度视水域深浅而定,一般可选用长6米左右的硬钓竿,直径为0.2~0.3毫米的高强尼龙线,匹配较重的铅坠和较大的鱼钩。无论采用哪种钓法,关键是要有一个发光亮度高、有利于观测沉浮的鱼漂。

当前科技发展十分迅速,为满足旅游者夜钓的需求,国内外已经研制出多种发光钓具,除内装荧光粉的化学夜光漂、多种彩色荧光浮、永久发光漂以及发光二极管电子鱼漂外,一种装配简单的超小型轻量发光棒也从国外引进并投放至市场。这种发光棒,既可安装在单节柱漂或风漂上,又可安装在竿梢上。前者适用于手竿垂钓,发光棒裸露在水面上,呈橙绿色光芒,有较高的清晰度;后者适用于架竿抛钓或甩钓。发光棒经增重系入水下钓点,还能成为诱鱼的好帮手,再配以连接荧光材料的发光鱼钩,就会显著地提高钓效,这就解决了夜晚钓鱼全凭手感或灯具的问题。

3. 直投法

直投法又叫过头顶投法。用此法配施压式绕线轮,甩投时,其基本姿势是左脚在前,右脚斜后,左脚尖朝向目标(最好在目标远处设一参照物,如山尖、树木、电线杆、房屋等物,以使每次都能投到钓点附近),右手握在竿体固定绕线轮支座部位,绕线轮朝下,扳起拨线架,用食指压住钓线,左手握竿柄端,将竿举过头顶,竿的前端倾向后下方。然后两眼盯着钓点远方,蹬腿的力量及腰背和臂部鞭打力量协调配合向目标挥竿,当竿挥过头顶时,右手食指松开钓线,将钩坠投出。钓饵即将接触水面时,稍微轻提一下,防止饵坠入水时声音过大而把鱼惊走。配手拨轮投甩时,基本姿势和要领与上述相似,所不同的是右手握住绕线轮的竿体,距轮轴5厘米左右,用食指缚住轮轴,使其不转动。当竿挥过头顶时,食指松开轮轴,将钩坠投出,当饵坠刚要接触水面时,右手指要立即按压线轴,停止出线。

直投法的优点是钩和坠能比较准确地落向钓点,在拥挤的钓场投甩时不会干扰别人,缺点是挥竿的振幅小,投甩的距离较近。

4. 福建钓法

我国福建省属亚热带地区,沿海多山,有水库、溪流、鱼池,海岸线曲折,有众多港湾和礁岛,钓鱼方法丰富。无论是在钓具装备、人员素质还是钓技方面,福建都处在国际较先进地位,其钓法大致可分为以下几类。

(1)池钓。福建省乡镇经营娱乐性垂钓池的业主相当多,靠海边的鱼池就养海水鱼,不靠海的鱼池就养淡水鱼,一般一口池塘只放养一个品种的鱼,不同鱼种分养在不同的池塘中,以便按不同的鱼种、规格、鱼价、钓饵和钓具让旅游者选钓。池边划定的钓位只一米宽,钓客多时只能是一个挨一个并排坐。

(2)溪钓。福建省山溪蜿蜒曲折,涨水期盛产野生鲫、非洲鲫等。钓者背着行囊翻山越岭,寻找深水溪段,穿上水裤,站在半人深的流水中垂钓,鱼护挂在腰上。竿、线、钩亦为溪钓用具,但饵要稍具黏性。旅游者常带帐篷、炊具野营。

(3)筏钓。福建省的大水库和较平静的海湾里有许多筏钓场。筏排用木搭成,再用锚绳泊浮于钓场的木板大平台,台上部设置顶篷,台面长方形,大小为4米×8米或5米×10米,有的数个筏台布阵相连。筏台24小时都可垂钓。由于筏台下的水很深,钓者都使用安装绕线轮的小抛竿,每人可使用3~4支。依季节天气,钓不同鱼种,使用不同的饵料和钓组结构,常能获得大丰收。

(4)滩钓。滩钓主要是指在海水接近满潮时的海岸滩钓鱼,钓者使用的竿大都有5.4米长,大型绕线轮蓄线200~300米,钩组多为串钩2~4个,挂海虫、小鱼等活饵,钓底鱼时一般抛出百余米,每人可架设7~8支竿,竿上一律不挂铃。滩钓也可安上醒目的大浮标,钓浮游上层鱼,每人一支竿,抛出慢慢收回,再抛出,直到钓上鱼。器、坠、漂等组装成适合于不同用途的钩组,如"吸入仕挂"叫炸弹钩,"串钩仕挂"叫串钩,"袋装仕挂"叫带线钩。炸弹钩所使用的钩,全部是黑色。带线钩除了各种有倒刺的常用钩,还有各种无倒刺钩子。带线钩(30~60厘米)是将鱼线缠好的鱼钩,钩子一袋装有7~8个,用起来既方便又省时。炸弹钩是用5米长的线缠上钩,加一支浮漂,另有2支备用钩,有连接环以连接主线与脑线,到了钓场,拆开袋子就可垂钓。海钓、船钓仕挂种类更多。仕挂所用的钩都经过了防锈处理,所以,只要保养得法,可反复使用而不生锈。

5. 其他钓法

家养鱼如青鱼、草鱼、鳊鱼等,当气温在15℃以下时食欲减退,8℃以下则静卧深水中,进入半冬眠状态,很少摄食。而一些野生鱼如鲫鱼、鲤鱼等在4℃以上时,虽缓慢行动,食欲减退,但仍吃食,有时食欲很旺盛。因此冬钓主要钓鲫鱼,有时也可钓到鲤鱼、鳊鱼等。渔具最好用细线、小钩、软竿。在长江中下游和黄河流域,在晴朗天气的中午,垂钓于向阳处,可有较好收获,"冬钓阳"即为此意。下雪前垂钓,也有较好收获。在中国北方,冬钓常为冰钓。

(1)流水钓。垂钓技法之一。渔线较长,散子常用20~30个。锡锭重,不用诱饵,钩顺流而下,悬浮水中,看到浮标原地不动或急速向左右移动即可拉竿。主要适于中国长江、黄河、辽河、淮河等水流较急的水域。

(2)长线钓法。手竿底钓的方法之一。钓线与竿等长或略长些。垂钓前依据钓点的水深调定浮漂的准确位置。以钓饵沉入水底后浮漂呈直立状态,上端露出水面2厘米左右为宜。由于钓线长,要把钓饵投到准确的位置,一般有以下两种方法:一是单手或双手握竿,先慢慢向后悠竿,将钩坠带到身后,随后适当用力向选定的钓点挥竿,借助竿的弹力将钓钩甩到钓点,俗称甩大鞭。另一种方法是右手握竿柄,柄端紧贴肘部,竿体略向下倾斜,竿头指向钓点,左手捏住坠子上方的钓线。然后左手迅速扬竿,左手同时松线,使钩坠在扬竿的瞬间,借助竿梢的弹性向前悠出,右手随钩坠的下落将钓竿放在支架上。

(3)船钓。垂钓技法之一,指使用船舟等工具进行垂钓的方法。船钓比在岸上垂钓具有明显的优势,它可以使垂钓者在广阔的海洋、江河、湖泊、水库等水域选择岸上垂钓无法得到的钓位和钓点。船钓同样可以使用延绳钓、拖钓、竿钓和手钓,钓获不同种类的鱼。但船钓易晕船,因此要选择风平浪静的天气出航,另外还要备救生用具。

(4)短线钓法。手竿底钓方法之一,是将饵钩送到钓点的一种钓法,适用于水不太深的淡水水域,属于我国传统的钓法之一。垂钓前,依据钓点的水深,调准浮漂,然后用撒窝器准确地把诱饵撒在钓点上。这种钓法的优点是饵钩垂直入水,饵钩可准确地落在钓点上,还可以不时地上下提动钓饵,诱鱼吞食。一旦"发窝",上鱼率极高。用短线钓法,在水草繁密的静水中垂钓,更能发挥其特点,钓点可选在水草空隙中间或贴近草边。这种方法一般以垂钓中小型鱼类为主,遇到大鱼时,往往因线短、回旋余地少而出现断线、折竿等情况。

(二)乡村户外垂钓开发设计建议

1. 不断提升垂钓的品质

垂钓品种是垂钓的核心,应按照旅游者的喜好提供不同品种。同一品种,规格越大越受欢迎;不同品种,品种愈优愈讨人喜爱。目前,大多垂钓区的品种是常规品种,如草鱼、鲤鱼、鲢鱼、鳙鱼等。对于旅游者来说,除了尽情享受垂钓之乐外,垂钓品最终归于食用或送人。对于乡村户外体育旅游经营者来说,只要放养的品种优良,价格公道,其名声、特色也会不胫而走,这样何愁没有消费者,何愁没有市场。只有顺应旅游者需求,打好名优牌,不断提升自身垂钓品种的品质,逐渐形成特色,才能在行业中脱颖而出。

2. 实现垂钓品种的无公害化

当今时代,"绿色革命"是所有农产品的王牌,尤其是在目前的渔业发展中显得尤为重要。那些天然、无毒、无污染、无药残的水产品最受旅游者欢迎。垂钓品最终要供食用,当然要注意食用的安全性。因此,乡村户外体育旅游经营者必须打好绿色牌,顺应旅游者食用安全需求,使自己的垂钓品种达到无公害化。这就要求乡村户外体育旅游经营者不能抱着以低价购进劣质水产品供垂钓从而获得暴利这种心态。自养品种必须按照国家规定的相关无公害标准进行养殖经营，从池塘到餐桌全程监控，全面推行健康养殖。属于外购暂养的品种，必须选择好进鱼渠道，确保购入的水产品绿色无污染。

3.全面提升垂钓行业的品位

垂钓本身就是一种游乐活动，既可让人们享受休闲的愉悦，又可满足人们运动的需求。通过垂钓与游乐相结合，全面提高垂钓业的品位，拓宽垂钓业发展的空间，从而实现垂钓业的提档升级。在具体的实践中，各地应依托当地的资源优势，灵活打好游乐这张牌，可将垂钓业与当地乡村户外体育旅游产业相结合，让旅游者既可饱览灵山秀水，踏遍古迹名胜，又可垂钓碧溪，在游历中尽情享受把竿垂钓，收获劳动成果的快乐与满足。另外，还可举办各种形式的垂钓比赛，以赛会钓友，以赛促钓业，或开办多种形式的"住渔村，钓渔村"特色旅游项目，提高与垂钓业相关的服务业效益。

4.满足儿童垂钓的需求

单纯的乡村户外体育旅游具有较强的季节性，会出现明显的淡季和旺季。针对目前休闲度假以家庭化出游模式为主的特点，能否留住儿童，就等于能否留住整个家庭，功能设计时应该充分考虑儿童的消费需求，注意开发儿童旅游项目，适当增加儿童游乐设施。

总之，在乡村户外体育旅游地以垂钓活动进行主题开发时，应力求功能综合化、产品多样化，加强娱乐因素，加强体验经济，形成集休息娱乐、强身健体、特色观光于一体的综合性旅游地，争取最大范围的游客。

第二节 滑索运动开发设计

一、滑索运动概述

滑索运动是一项集娱乐、刺激为一体的运动。在两个山崖之间修建多条索道，游客可根据自己不同的需求选择不同的索道，从一侧山崖滑向另一侧山崖。可以坐着滑、站着滑、抓着滑，相对来说坐着滑要比站着滑、抓着滑安全、容易，抓着滑要比坐着滑、站着滑难度大、有刺激、富有挑战性，但要注意安全及附绳的使用。

二、滑索运动开发设计建议

滑索运动是从高处的发射台顺势而下，以较高的速度完成滑翔。可跨越草地、湖泊、河流、峡谷等地方,使人在有惊无险的欢愉中尽情地陶醉于大自然的迷人美景之中。在乡村户外体育旅游规划设计中,滑索运动是必不可少的一项游乐设施,但滑索并不是随处都可以安装的,这要考虑到两个终点之间的距离、跨度、地质等是否符合滑索安装的要求。具体应注意以下几点。

第一,风向、天气、旅游者的滑行方式等,在设计中要充分的考虑这些因素;

第二,滑索设计应该考虑到上下站的建立地点,地势选择;

第三,承载索的选择,承载索应该严格按照其强度理论进行强度校核计算,将高低点运行动态结果精确计算,保证地形选择和承载索的选择匹配,还要将滑行小车的承载能力以及滑行时间、能量大小进行计算,确保旅游者到达终点且不会受到太大的冲击;

第四,对于配件的选择也非常重要,安全带等选择必须达到安全要求,必须要正规厂家生产,保证其安全性能。

第五,运行中具体的障碍因素也要全部考虑进去,后续在滑索的安装、使用过程中也要加强管理力度,对操作员的培养、设备的维护等要有具体的要求。

现如今,国内乡村户外体育旅游市场滑索项目很多,产品同质化严重,实现技术迭代及产品创新是景区引领潮流的关键。滑索运动开发设计应时刻遵循三大原则:场景化、智能化、个性化。站房造型的设计、色彩搭配的应用、新型材料的选取以及高科技智能化产品的融入将使滑索运动更具有吸引力。

三、项目前景与投资估算

滑索运动深受中青年旅游者喜爱,市场前景很好,中等规模的投资额约为40万元,预计短时间可收回投资。

第三节 毽球运动开发设计

一、毽球运动概述

毽球是我国传统体育宝库中一颗明珠,经久不衰,显示出强大的生命力。由于传统体育的发展与提高,现代毽球的发展得到了全国各地的积极响应,受到广大户外体育旅游者的热烈欢迎。其有如下特点。

(一)科学可行是毽球运动的基本特点

毽球运动的产生、发展与变化符合人们生理、心理与动作技能形成的客观规律,它的自然动作的形成,受到人体的基本活动能力需求的影响,是日常生活、工作与学习及生产实践中,人们适应自然环境所需要的一种能力的反映。以青少年为例,毽球在技术动作的系统性方面,均反映由易到难、由简单到复杂,运动量由小到大、由弱到强的"循序渐进"原则,使之更符合青少年的认识、生理、心理与动作技能形成的客观规律,同时又可根据青少年不同年龄、不同水平、不同程度的身心发展水平,逐步提高其技术水平。另外,毽球运动本身也显示出简单的特点,它体积小、重量轻、携带方便,不易受场地、器材、气候影响,真可谓是一项老少皆宜、四季可行的户外体育旅游运动项目。

(二)普及健身是毽球运动的基本功能

踢毽不仅可促进人们背、腿、躯干及骨骼肌肉的正常发育,还可以增强心肺功能、提高肺活量、发展神经系统、提高机体功能、改善代谢能力,培养人们的空间立体感,提高定位、定向与判断能力,而且更有助于提高踝、膝、髋等关节的灵活性,使身体的协调性、柔韧性进一步提高,以达到增强体质的目的。

(三)竞技娱乐是毽球运动的特有功能

它既是多姿多彩的花毽"毽飞人舞",显示出我国传统体育的独有特色,增添了民族自豪感,继承与发扬了我国优秀传统文化遗产,又以现代体育对传统体育进行充实与发展,调动了人们的参与积极性。毽球运动将个人技艺变为集体对抗,既不反对个人献技的排他性,又把古老项目发展为隔网对抗的竞技项目,使之更富有朝气、生机与青春的活力,给人们一种强烈的时代感,极大地刺激、调动了人们的参与意识,利于培养人们勤奋、进取、创新的精神。人们在活动中将喜闻乐见的踢、打、蹦、掰、压、拐、串等多样的踢法以各种组合形式出现,还可根据自己不同体质、不同技术水平和自己的兴趣、特长,选择自己喜欢的踢毽动作,寓娱乐于活动之中,调其情感、增其意志、强其筋骨,陶冶情操,最终达到增强体质之目的。

(四)经济实效是毽球运动的显著特色

开展毽球运动较切合我国目前实际情况,符合国情、校情、乡情,其设备简单,不受场地限制,投资较少、收益明显,可因人、因时、因地具体调整。立竿为柱,以绳代网即可开展,四季皆宜,老少可行。毽球可以自制、自做,毽球颜色可以自调、自染成白、蓝、红、绿等色,毽球运动既经济实惠,又成效明显,有较高的实用价值。

二、毽球运动的基本技术

(一)准备姿势与移动

准备姿势包括两脚左右开立的准备姿势,两脚前后开立的准备姿势。步伐移动有前上步,后撤步,跑动步,交叉步,跨步,左右滑步,并步,转体上步。

(二)踢传球技术

①踢球。有脚内侧踢球,脚外侧踢球,正脚背踢球(脚背屈踢、脚背绷踢、脚背直踢)。②触球。有脚触球,胸触球,肩触球,头触球。③发球。右脚内侧发球,正脚背发球,脚外侧发球。④传球。有正面传球,背面传球,侧面传球。

(三)进攻技术

一般有头部攻球、倒钩攻球、脚踏攻球、肩压攻球。

(四)防守技术

有拦网(原地、跑动)踢防、触防和跑防。

(五)毽球运动的基本战术

①进攻战术:"一、二"阵容、"二、一"阵容、"三、三"阵容。②防守战术:"小弧形防""一拦二防"(左右站位、前后站位)、"二拦一防"。

三、毽球运动开发设计建议

毽球运动可选择在乡村户外体育旅游各景点及健身地进行,由专门的辅导者带动旅游者练习。

(一)政府给予支持,加大宣传力度

充分发挥乡村户外体育旅游资源优势,发展乡村户外体育旅游产业从而带动经济发展,离不开政府的支持。通过加大毽球场地设施的建设,完善乡村户外体育旅游产业,吸引外地商人来投资创业,开发乡村户外体育旅游产业。应利用好电视、互联网等媒体进行大力宣传,做好毽球运动市场开发,让更多的人在毽球运动参与过程中了解旅游地,完善以毽球运动为代表的乡村户外体育旅游市场。通过多种渠道培养训练高水平的毽球队伍,走出去参加比赛,在取得优异成绩的同时,使旅游地的影响力进一步扩大,从而吸引广大毽球爱好者前来参加比

赛、观光旅游等。

(二)加强毽球运动文化的开发,形成多元化的开发格局

一些乡村户外体育旅游地的毽球运动已具备了一定的基础设施,毽球运动文化氛围比较浓厚,说明具有更大的潜力可以挖掘。毽球运动可与旅游文化节形成相辅相成的文化形式,把比赛、游玩、互动、服务结合在一起形成链条式的体系化服务。既突出毽球运动的亮点,又发挥传统文化为主题的文化娱乐活动作用,形成多元化的旅游格局与产业结构。

(三)通过商业化合作,举办形式多样的毽球赛事活动

在商业化合作中组织毽球赛事,才能把本地特色推广出去。把毽球运动推向全国走向世界的同时,塑造企业名牌、产品品牌、文化品牌,这样才能扩大影响,推动经济更快更好的发展。

毽球运动对促进乡村户外体育旅游产业的发展有着重要的作用,应充分利用好这一优势,积极发挥政府力量,完善毽球场地的建设,开发与毽球运动有关的文化项目,通过实施商业化道路和对毽球运动进行科学规划的措施来推动经济、文化和社会发展,使毽球运动成为引领乡村时尚的一项户外体育旅游运动,以此来更好地服务于乡村户外体育旅游产业的发展。

第七章 乡村户外体育旅游项目营销推广

第一节 乡村户外体育旅游项目营销战略与营销组合

一、乡村户外体育旅游市场营销战略概念

在宏观层次上,乡村户外体育旅游市场营销指某乡村地区在现代市场营销观念的指导下,为了实现该地区发展体育旅游业的目标,为体育旅游业内各行业制定的在一个相当长的时期内市场营销发展的总体设想和规划。

在微观层次上,是指体育旅游企业在现代市场营销观念的指导下,在准确把握环境变化趋势的基础上,为实现企业的营销发展目标,根据外部环境和内部条件的变化,对企业一定时期内市场营销发展的总体设想和谋略。

乡村户外体育旅游市场营销战略是旅游企业战略管理的重要组成部分,它不同于旅游企业的日常业务管理的战术性决策,其为旅游企业的日常业务管理指明了方向和内容,做出了总体框架性规定。正确有效的战略指导,有助于战术性决策的实施和取得良好效果。

二、乡村户外体育旅游市场营销战略的制定与控制

(一)战略分析

战略分析是制定乡村户外体育旅游市场营销战略的准备阶段,它包括三个内容:

第一,企业地位分析,即产品的市场地位分析,企业形象分析;

第二,企业环境分析,即行业动向分析,消费者行为分析;

第三,企业能力分析,即销售活动能力分析,新产品开发能力分析,市场决策能力分析。

(二)营销战略制定

制定营销战略目标,包括战略目标、财务目标、年度目标等。要明确以下问题:

第一,我们从事的业务是什么?

第二,谁是我们的顾客?

第三,我们将满足顾客什么要求?

第四,我们拥有的资源和具有的能力是什么?

第五,我们怎样能最有效地满足顾客的要求?

第六,对哪些环境力量以及变化要予以考虑?

(三)营销战略方案的选择

营销战略方案选择的目的在于确定各个备选战略方案的有效性,比较各方案的优缺点、风险及效果,以便从中选择。应遵循以下原则:

第一,应考虑现行营销战略的继承性;

第二,应考虑企业对外部环境的依赖程度;

第三,应考虑企业领导的价值观及对待风险的态度;

第四,应考虑时间因素;

第五,应考虑竞争对手的市场地位。

(四)营销战略的监督与控制

在营销战略实施过程中,需要控制系统来保证市场营销目标的实现。营销战略控制主要有营销审计、年度计划控制、盈利能力分析等。

三、乡村户外体育旅游市场营销组合

所谓乡村户外体育旅游营销组合,也就是乡村体育旅游的综合营销方案,即对自己可控制的各种营销因素(产品质量、包装、价格、服务、广告、渠道和企业形象等)的优化组合和综合运用,使之协调配合、扬长避短、发挥优势,以便更好地实现营销目标。

乡村户外体育旅游市场营销组合战略是有效地设计和实现各种营销手段的综合运用,即在组织营销活动时,针对不同的乡村户外体育旅游市场环境和内部条件,将以上因素进行最佳组合,使它们相互配合,产生协同作战的综合作用,而不是互不相关甚至是相互矛盾而抵消其作用。

(一)产品战略

营销组合的核心和起点是产品供给和产品战略。如果对将要推出的产品不甚了解,则很难设计分销战略、展开促销活动或者进行产品定价。

产品战略的确定,必须理清如下问题:

第一,乡村户外体育旅游开发提供的主要产品或服务是什么?这些产品或服务是否能相互补充,或者仅仅是一些不必要的重复生产?

第二,每种产品的特点是什么?它所能提供的利益是什么?

第三,乡村户外体育旅游开发本身及其主打产品在生命周期中目前处于什么位置?

第四,在扩大或缩小产品范围、提高或降低产品质量方面,每个目标市场所面临的压力是什么?

第五,每种产品的弱点是什么?客户主要有哪些抱怨?哪些地方最容易出错?

第六,产品名称是否易于称呼?是否易于记忆?产品名称是仅仅作为一种称呼,还是代表了产品所能给客户带来的益处?这一名称是否能将旅游开发或产品与其他旅游开发或产品区分开来?

第七,产品的质量如何保证?是否有其他方式来保证客户的满意度?

第八,产品是否能传递良好的客户价值观?

第九,如何为客户提供服务?如何评价所提供的客户服务?

(二)分销战略

分销渠道是在将产品或服务提供给消费者和商业客户过程中的各种独立组织的集合。在体育旅游业中,与传统分销商品的运动方向不同,通常是将消费者向产品移动。

乡村户外体育旅游分销渠道是指旅游产品从生产者向消费者转移的过程中,帮助其实现转移的所有旅游中间商,他们是处在旅游企业和旅游者之间、参与产品交换、促使买卖行为发生和实现的组织和个人。

制定分销战略时,一般需要考虑以下几方面的因素。

1. 旅游产品因素

旅游产品因素包括旅游产品的性质、种类、档次、服务、价格、等级、季节性以及旅游产品所处的生命周期的阶段等,这些都直接影响分销渠道的选择。

2. 市场因素

市场因素包括目标市场范围大小、消费者特点、消费水平高低、消费习惯、地理分布、需求的季节性及市场竞争状况等,这些因素不同程度地影响着旅游企业分销渠道的选择。一般来说,目标市场范围很大,需求旺盛,人口相对集中的情况下,适宜选择直接销售渠道。相反,若目标市场很大,但季节性消费明显,且购买力又小的市场,常需要中间商提供服务,适宜选择较长的分销渠道。同时,当实际旅游者较少时,为了节省流通费用,可以采用较短的渠道或直销。

3. 企业因素

指旅游企业在选择产品分销渠道时,应充分考虑企业自身的因素,包括企业的规模、发展目标、财力、市场声誉、服务能力及管理水平等。一般来说,企业规模大、财力雄厚、有较好的经营管理能力和丰富经验的市场营销人员、信誉好、产品质量高,在选择销售渠道方面就有较大的自由度,往往选择较固定的中间商,甚至建立自己的销售机构,采用短渠道销售。而那些管理水平较低的企业就要考虑通过中间商来打开产品的销路。当直接销售的预期利润大大超过间接销售的预期利润时,则应采用短渠道。

4. 环境因素

环境因素是影响旅游企业选择分销渠道的外部因素。环境因素包括宏观经济形势、政府对乡村户外体育旅游的相关政策和法律法规、乡村户外体育旅游市场竞争情况等,都对企业分销渠道的选择有很大的制约作用。比如,在经济不景气的情况下,乡村户外体育旅游产品生产者要求以最快、最经济的途径把产品推向市场,就要运用短渠道策略,减少中间环节,提高竞争力。法律、法规的相关政策,也会影响分销渠道的选择。另外,旅游企业在进行销售渠道选择时还要充分考虑竞争者的渠道策略,并采取相应对策。比如,是在竞争对手分销渠道的附近设立销售点,贴近竞争,以优制胜,还是避开竞争对手的分销渠道,在市场的空白点另辟蹊径,旅游企业应根据具体情况酌情确定。

此外,旅游企业在选择分销渠道时,还要考虑中间商的实力以及环境的不可抗力等因素。

(三)促销战略

促销是指企业通过人员推销、广告、公共关系和营销推广等各种促销手段,向消费者传递产品信息,引起他们的注意和兴趣,激发他们的购买欲望和购买行为,以达到扩大销售目的的活动。

制定促销战略时,需明确一系列问题:

首先,一般客户如何发现乡村户外体育旅游的产品?

其次,乡村户外体育旅游产品生产者所发布的信息是否能够到达潜在客户处？这些信息是否强调了目标市场的需求,是否表明了满足这些需求的方式？这些信息是否进行了恰当的定位？

最后,促销工作是否有效地使客户知晓并说服他们购买本乡村户外体育旅游产品,使客户了解乡村户外体育旅游产品的特点？

(四)定价战略

旅游企业定价时,应该为企业的产品或服务制定一个价格系列,以适应市场价格或满足定价目标的要求。选择定价战略时,企业还必须考虑以下五个基本因素:

第一,乡村户外体育旅游的真实成本和利润;

第二,乡村户外体育旅游产品与竞争者所提供的产品或服务相比较,本企业产品在顾客心目中的相对价值高低;

第三,细分乡村户外体育旅游市场的差异定价;

第四,乡村户外体育旅游可能的竞争性反应;

第五,乡村户外体育旅游市场营销目标。

第二节 乡村户外体育旅游常用营销策略

一、体验营销策略

体验营销是企业让目标消费者通过观摩、聆听、尝试、试用等方式,让他们亲身体验企业提供的产品和服务,让消费者实际去感知产品和服务的品质或性能从而让顾客了解并且购买的一种营销方式。体验通常是由于对事件的直接观察或是参与产生的,无论事件是真实的,还是虚拟的。体验会涉及顾客的感官、情感、情绪等感性因素,也会包括知识、智力、思考等理性因素。

乡村户外体育旅游体验营销有以吸引消费者体验为卖点、以旅游场景主题为基础、以产品的设计和体验为导向、营销活动以游客为中心这四个特点。因此,乡村户外体育旅游体验营销所真正关心的是游客们希望得到一个什么样的体验,旅游产品对游客生活方式具有的影响,以及游客对于这种影响的体验和心情。因此,乡村户外体育旅游体验营销必须要有一个"主题",并且所有产品与服务都必须围绕这个主题,至少景区内要有一个有自己景区特色的"主题场景"。旅游企业设计、制作和销售产品以及提供服务时必须是以顾客体验为导向的,不管哪个产品,它在生产过程或者售前、售中和售后的各项环节都要给顾客留下无法忘记的印象。体验营销是以游客的需求为中心来指导企业的营销活动,通过以顾客为中心来开展企业和顾客之间的沟通。

二、情感营销策略

伴随着人类社会进入体验经济时代，乡村户外体育旅游作为天然体验性的活动，将领先于其他行业在体验经济时代的前列发展。体验经济背景下，旅游者的情感需求比重加强，更关注在旅游参与体验中所经历的感觉、情感、心境等情感方面的满足。为了在新的发展环境下赢取战略优势，旅游企业的营销主张开始侧重于消费者的心理过程及体验中所带来的情感变化，强调以消费者的情感需求为核心。

情感营销就是把消费者个人情感差异和需求作为企业品牌营销战略的核心，通过借助情感包装、情感促销、情感广告、情感口碑、情感设计等策略来实现企业的经营目标。在情感消费时代，消费者购买商品所看重的已不是商品数量的多少、质量好坏以及价钱的高低，而是为了一种情感上的满足，一种心理上的认同。情感营销从消费者的情感需要出发，唤起和激起消费者的情感需求，诱导消费者产生心灵上的共鸣，寓情感于营销之中，让有情的营销赢得无情的竞争。

情感营销以保持现有顾客、培养忠诚顾客为最终目标，旅游企业整个体系中所注入的情感因素若能充分满足旅游者情感及受人尊重的心理需求，则旅游者更多地感受到来自企业的关怀和重视，就愿意对企业表现出自己的忠诚。这种良好的情感会对重复购买产生积极作用，满意的体验同时促进彼此间信任关系的建立，从而进一步培养顾客的忠诚度。

产品情感体验化设计要以品牌为依托，企业以品牌的方式对顾客做出承诺，品牌作为企业与顾客情感联系的基石，是彼此间情感交流的一种体现。旅游产品的无形性与体验性，更需要品牌成为强大后盾，让旅游者感受良好的品牌承诺，由此产生感情。这种品牌承诺所产生的附加价值，会主导消费者的购买行为，产生产品自身物质价值之外的情感溢价，不断叠加后又将最终演变为牢固的"品牌忠诚"，形成顾客忠诚价值。从这一层面上讲，情感营销中这种"以情动人"的理念，能为旅游企业创造出超乎想象的溢价效果。

三、关系营销策略

关系营销是在传统营销理论的基础上，以系统论为基本指导思想，将乡村户外体育旅游置身于经济社会大环境中，认为营销是与顾客、竞争者、供应商、分销商、内部市场、政府机构和社会组织等发生互动作用的过程，乡村户外体育旅游企业不仅要满足游客的需求，而且还要考虑游客和乡村发展的长期利益，以谋求游客和乡村的总体福利和长远价值。通过企业努力，识别、建立、维护和巩固乡村与游客和其他利益相关者的关系,并以合适的方式,使企业的目标在关系营销中实现。

关系营销的出发点和归宿都是为了追求"双赢"。乡村户外体育旅游企业提供产品和服务给游客,并从中获得长期的、稳定的利润;游客则通过支付货币从乡村户外体育旅游企业那里获取到自己所需的旅游产品,享受到满意、体贴的服务。关系营销是对市场营销学理论的重大突破,它将传统交易营销学研究的视角从关注一次性的交易转向保留游客;从有限地满足游客期望转向高度关注游客服务;从有限的游客联系转向高度的游客联系;营销的目的从获取短期利润转向与各方建立和谐的关系,适当增加游客让渡价值,提高游客喜爱度。

对游客市场的营销是为了获得游客资源,争取游客忠诚,这是乡村户外体育旅游生存和发展的基础。在供应商市场上,乡村户外体育旅游企业进行营销是为了寻求原材料、技术和信息等生产过程所必需的资源并实现资源的合理配置。对乡村内部市场的营销目标是通过乡村的协作以实现在资源的转化过程中的价值最大化。在竞争者市场上的营销活动是为了寻求资源共享和优势互补。对分销商进行营销是为了得到分销商们的支持,可以更好地将乡村户外体育旅游的产品传递给游客。为了最大限度地获得乡村户外体育旅游的无形资产,树立其良好的形象,相关企业还必须对影响者市场进行营销。关系营销涵盖了一切从内部市场和外部市场寻求资源的活动。

关系营销以获得游客忠诚为目标,谋求与利益相关者共赢的营销理念为乡村户外体育旅游在新的市场竞争环境中获取稀缺资源和竞争优势提供了新的思路。而乡村户外体育旅游景区营销目标的实现,受到复杂的市场关系的影响,也需要与景区利益相关者的协作。乡村户外体育旅游景区关系营销就是景区为了获得游客忠诚而与游客以及其他利益相关者建立并保持良好关系的过程,涉及旅游者、景区员工、中间商、旅游社区、竞争者和影响者等方面。

四、网络营销策略

互联网、计算机信息技术的运用,在很大程度上提高了乡村户外体育旅游企业与潜在游客之间沟通的效率。目前网络营销已经成为发达国家旅游景区比较通用的做法。越来越多旅游消费者愿意在网络上设计自己的出行路线并定制所需的旅游服务产品,这对乡村户外体育旅游景区网络营销能力提出了更高要求。网络营销不只是产品的线上销售。网上销售只是网络营销内容的一部分,网络营销除具有传统营销所有的发布信息、推广品牌等功能外,还具有搜索信息、调查商情、开拓销售渠道、管理客户关系等重要功能。

微博、微信等即时通信软件的出现,使得买卖双方能够在整个营销过程中实现及时的沟通。很多乡村户外体育旅游的网站上还设置了信箱、留言板、网上调查等板块,通过这些渠道直接获得游客反馈的信息,了解游客的需求,拉近和游客间的距离,增强游客的信赖感,最终实现乡村户外体育旅游的良性运转。

多媒体网络营销中运用多媒体技术,将文字、声音、动画、全真图像、三维空间等融为一体,多方位展示产品,使虚拟网络中的产品更为真实,潜在游客能够更直观地了解产品,这在很大程度上能够激发游客的购买欲望,促进交易达成。

此外,互联网信息容量大、不受时间空间限制、成本低廉等特性为乡村户外体育旅游营销提供了便利,使得乡村户外体育旅游营销降低了成本,能取得可观的经济效益。

五、绿色营销策略

在可持续发展理念指导下,我们逐渐关注到人类社会的经济活动对自然生态环境的影响,希望能够通过环境保护,实现全球经济低碳、环保和可持续健康发展。而乡村户外体育旅游景区作为一个开放的空间旅游资源,是与消费者接触最为直接的景观环境,容易遭到人为破坏和环境污染,因此乡村户外体育旅游景区更加适合运用绿色营销理念指导景区企业的经营发展。

乡村户外体育旅游企业绿色营销是指企业在经营管理过程中,将企业自身利益、旅游消费者利益和环境保护利益三者结合起来,并以此为中心,对旅游产品和服务进行构思、设计、制造和销售。其核心是根据环保和生态原则来选择和确定旅游营销组合的策略,是建立在绿色技术、绿色市场和绿色经济基础上的、对人类的生态环境关注给予回应的一种营销方式,最终目的是在保护生态环境的基础上,获得商业机会,在实现企业利润和消费者满意的同时,达成人与自然的和谐相处。乡村户外体育旅游景区的绿色营销还要通过景区内涵的深层次挖掘,引导游客树立正确的社会价值观、伦理道德观,培养游客养成文明旅游和环保旅游的良好习惯。

六、植入营销策略

植入营销通常是指将产品或品牌及其代表性的视觉符号甚至服务内容策略性融入电影、电视剧或电视节目各种内容之中,通过场景的再现,让观众在不知不觉中对产品及品牌留下印象,继而达到营销产品的目的。影视场景植入式营销具备传统景区广告所没有的独特魅力,它是一种主动渗透式的营销新方式,具有人性化、隐性化的特点,巧妙地将景区产品自然地融入影视剧中,更容易被受众接受,从而潜移默化地传达产品信息,避免造成观众心理上对广告的反感,进而对旅游品牌形成负面影响。这种影视场景植入式营销是传统营销无法比拟的,被称为"随风潜入夜,润物细无声"的景区产品营销利器,能较快提升旅游景区产品的知名度和品牌价值,迅速传达核心功能和新信息。

七、事件营销策略

事件营销也被称为活动营销,具体是指营销人员在真实以及不损害公众利益的基础上,有计划、有目的地利用、策划、举办一些具有新闻价值的事件,通过事件产生的名人效应、新闻价值以及社会影响,吸引社会大众媒体、公众以及消费者的关注和兴趣,从而达到促进企业及产品知名度和美誉度提高的作用,为企业及产品树立较好的品牌形象,并且达到产品及服务销售目的的一种手段或者方法。换言之,事件营销是对事件及旅游地信息进行传递的一种方式,目的是树立旅游地的形象,进而扩大知名度,最终形成市场影响力,促进产品或者服务的销售。通过策划制造重大事件从而推动旅游营销,成为近些年乡村户外体育旅游市场营销的一种重要手段。

第八章 户外体育项目融入农家乐旅游

第一节 户外体育项目融入农家乐旅游的关联性

在物质生活达到了一定的水平以后,人们希望的是身心健康,精力充沛,具有良好的社会适应能力。旅游和体育锻炼这两种源远流长的社会文化活动,都成为人们熟知、热爱并自觉优先选择的实现身心健康的热门途径。或者选择旅游(包括农家乐旅游),在游玩中放松和锻炼,或者选择体育项目,在运动中健身和娱乐,或者把二者结合起来开展活动,最终都达到了愉悦心情、健康身体的效果。应该说,旅游与体育之间不仅有着不可分割的天然联系,而且个性化的中短途度假旅游与大众化娱乐性的休闲体育之间更是相互交融,没有十分明确的界线。其关联表现在以下几点。

一、综合功能上的关联

功能是在一定时期的实践中人们认识和理解客观事物本质属性的作用的产物,是人们基于客观事物本质属性基础上的主观认识。休闲性体育项目所蕴含的功能,和农家乐旅游活动的功能在一些方面是重合的,可以达到异曲同工的效果。

(一)趣味娱乐功能

随着现代社会物质文明的高度发展,娱乐成了现代人乐于追求的生活目标之一。农家乐旅游的主要目的是游玩,短暂地抛开繁忙的工作和嘈杂喧闹的生活环境,前往乡村观赏田园景色,亲近自然风光,享受自然赋予的清新和幽静,感受与城市生活完全不同的另一面,从中获得新鲜感和乐趣,因而农家乐旅游是城市居民向往的一种休闲娱乐方式。

而健身同样是人们追求快乐的最为直接的方式之一。体育运动之所以得到广大群众的喜爱,其原因是体育与旅游等文化艺术活动一样具有较强的娱乐功能,是娱乐休闲的一种极好形式。由于体育休闲的形式多样,它成为现代社会人们休闲娱乐的重要组成部分。无论是打球、跑步等有氧耐力性项目,还是参与传统民俗体育活动及徒步、垂钓等自然体验活动或者参与地方特色的娱乐项目,都可以使人乐趣相生、心旷神怡,给个人、家庭带来更多的快乐与幸福。其娱乐功能将会随着人们休闲需求的增长而得到发展与繁荣。

(二)强健身心功能

在信息化、知识化、科技化高速发展的现代社会,高效率、快节奏已经成为社会活动的基本方式。社会竞争激烈、压力过大使人们身心疲惫,经常处于亚健康状态。没有时间和场地锻炼身体,使人的体质普遍下降。在电脑前、书桌上长时间工作和学习造成视觉疲劳,头晕目眩。被林立的水泥高楼所包围,人们视野受阻、心绪郁闷。在这样的社会背景下,人们对健身的需求比以往任何时候都更加主动和强烈,一些工作者英年早逝的不幸事实也一再提醒人们要关注和投资健康。农家乐旅游和体育休闲锻炼都可以帮助人们实现身心强健的愿望。

城市居民利用周末或节假日走出都市,到乡村呼吸一点新鲜空气,尝一顿农家饭菜,走一走、动一动,不在乎是否风景区,是否人多热闹,只因有益于身体健康,调节与消除不良情绪,积极休息以蓄积更好的精神和体力。同样,体育最本质的功能,就是增进人体健康,弘扬生命意义。大众化休闲体育活动可以带给人们更为和谐完善的生活方式,健康的肌体,健康的心理以及对社会的良好适应能力。有研究表明,体育休闲有助于提高机体免疫能力,改善情绪状态,特别是参加快乐活动比参加较少快乐或根本无快乐可言的活动更易获得情绪效益。而体育休闲主要是以娱乐、锻炼为主的体育活动,既没有竞技体育激烈的对抗性,又可以回避因失败而产生的消极心理,不必肩负成败的责任,无论在精神上还是在体能上都不存在任何压力。人们可以在闲暇时轻松愉快地从事身体活动或观赏性休闲体育活动,从而忘却学习、工作、生活中的烦恼、痛苦,获得身心的解放与自由。

(三)教育功能

许多家长、老人带小孩或举家到农家乐出游,潜意识里是想通过这一活动,让自己能感受和回味农村的现实生活,了解当地风土人情、民俗文化,让孩子多一些经历和见识,通过观察农民的劳作、农业生产过程,体验艰辛的农业劳动和收获的来之不易,学习劳动者们吃苦耐劳、锲而不舍的奋斗精神,最终使自己和孩子都受到教育。这表明,农家乐旅游不只是一种简单的休闲娱乐活动,它还可以是一种情感体验,一种人生经历,可以通过这种旅游活动来丰富知识,陶冶情操,提高素养。

体育也是一种教育。首先,体育是一种意志教育。体育运动一般都是要流汗、吃苦的,运动的过程能够培养人们的奋斗精神,鼓励人们不屈服于困难,战胜困难。其次,体育也是一种快乐教育。人们在体育运动中虽然吃苦,但是苦中有乐,能获得自我满足的心理体验。再次,体育还是一种协作教育。体育活动大多都是集体性的,有助于训练、培养和提高人们的合作意识,在这种团结协作的教育中,人们学会怎样与他人相处,学会适当的忍耐和谦让,学会理解别人并使自己被别人理解,学会在集体中寻找自己的位置。

体育的教育功能与农家乐旅游的教育功能是有某种相通性的。一些体育活动本身就是农村文化生活的一部分。在农家乐旅游过程中融入和农村生活紧密结合的体育活动项目,可以起到更为有效的教育效果。

(四)交流与沟通功能

快节奏的生活方式使城市居民忙于在工作单位与家庭之间奔波,忽视了人与人之间的交流;家家关门闭户的生活环境,无形中也阻碍了人与人之间的正常交往,人们失去很多学习沟通技巧和表达方式的机会,因而人们之间互相交流的需要就变得更加迫切。旅游和体育两种活动都可以让人们得到在工作和其他社会生活中不能得到的乐趣和满足。

农家乐旅游正是通过为人们提供广阔的乡村场所,使人们集中在一起参与活动,提供彼此间相互交流、倾诉的机会,在活动中进行愉快的心理释放,从而有效地促进人际交往,提高自身的社会适应能力。

而体育休闲活动的过程,同样能够在人与人之间架起交流与沟通的桥梁,是促进人们友谊和增强团结的有效手段。通过体育休闲活动,可以结识许多不同身份、年龄、性别的人,促进人与人之间的相互了解,改善人际关系,丰富精神生活和增进相互间的感情交流。因而,体育休闲不仅是娱乐、健身的活动,也是消除孤独寂寞、拓展交际、增进情感交流及交友的润滑剂。

(五)审美功能

城市旅游者走出喧嚣的闹市,投身自然的怀抱,既是一种解脱和逃避,更是一种人性的回归。怡情于天然田园风光,追寻传统农耕文化,在感受大自然的博大中体验一种超然的快乐。这样的体验和快感无疑是一种精神世界的审美享受。旅游需要归根结底来自于人类的审美需要。农家乐旅游固然是物质的消费,但其深处却是满足精神需求的文化活动和审美活动。

同样，体育自始至终也是一种包含审美情趣的活动。体育不但能促进人体的健康，同时还教会人们用一种百折不挠的精神来激励自己，通过自身的活动与努力不懈地追求新的目标、理想和人生，于是，在体育运动中，人们不仅身体得到了发展，同时精神也得到了升华。无论是人的身体还是精神，都散发出活力，促使人向着更加完善的方向发展。

二、活动形式的关联

农家乐旅游地往往圈地筑墙，把园内景致与原始田园风光隔离开来，而园内通常占地面积小，活动范围窄，不仅风景单调乏味，设施简陋，而且经营者的服务意识较为淡薄，对游客的需求缺乏应有的理解，使游客可观可感的东西实在太少。现有纯粹的观赏或游览开发模式并非农家乐的强项。农家乐旅游应是一种带有浓厚休闲性、娱乐性和趣味性的旅游形式，在这种旅游形式中，活动项目开展和休闲娱乐体育活动的开发显得至关重要，具有很强的人为开发性。

为适应这个特点，不少农家乐已经做了很多尝试，因地制宜提供一些活动，尽可能吸引旅游者。较为普遍的活动是打牌、下棋、聊天、会友，配备跷跷板、秋千、乒乓球、台球等设施。还有一些会结合当地风俗举办较为有特色的活动，如爬山、烧烤、篝火晚会、斗鸡、赶车、赛马、游泳、放风筝、走高跷、爬竹竿接力等。乡村传统劳作，如推独轮车运货、摘新菜、采菱藕、做豆腐、捉螃蟹、抓泥鳅、踩水车、放牛羊等，既是乡村人文景观中的景致，也是充满生活气息和诗情画意的劳作活动。另外，游客也能借助自然环境开展一些自娱自乐的参与性活动，如园艺习作、攀枝摘果、耕作种植、塘边垂钓，在宽阔的场地、小小的山坡，还可以林荫漫步、自助野炊。就小型农家乐而言，活动中体育项目少，只有少数大型一点的农庄或休闲度假村，才有一些网球、保龄球、游泳池、高尔夫球等较为高档的体育设施。

以上所述的农家乐开办的各种类型的娱乐休闲活动，基本上都可以说是体育活动，属于大众化的体育休闲活动范畴。其中的一些活动如放风筝、爬竹竿、荡秋千、跳绳等，是大众消费层尤其是女性喜爱的体育活动。一些户外活动如散步、登山、野炊、自行车骑行等，始终是最受喜爱的大众体育运动项目。这些活动的共同特点是：简便易行，小型多样，趣味多多，技能技术要求不高，体能消费低。多数人练习的目的就是为了娱乐、增添情趣和锻炼身体。可见，农家乐旅游过程中，本身已经包含和开展了体育活动，说明体育活动与农家乐旅游并不矛盾，相反是可以相融相生的。

第二节　户外体育项目融入农家乐旅游的必要性

一、城市文化延伸的需要

以云南最大的高原坝子——陆良坝子为例进行分析。

陆良县位于云南省东部,曲靖市南部。全县面积2 018平方公里,平均海拔1 840米,其中坝区面积772平方公里,是云南省最大的高原平坝(见图8-1所示)。陆良坝四季宜人的气候,良好的生活环境,秀美多姿的景色,浓郁的民俗风情,浓厚的历史文化氛围,无不体现独具特色的休闲情调,也正是昆明人出行游赏的理想乐园。

图8-1　秋天的陆良坝

整个县区外围的自然生态环境和十里不同乡、百里不同俗的民俗氛围,明显有别于高楼云集、寸土寸金、人口密集的昆明市区。和城区多年没有变化的常规景点比起来,陆良坝的自然风光对城市居民来说更为新鲜。城市居民在一周、一月或一段时间紧张的工作、学习后,走出拥挤的街道,离开嘈杂的氛围,远离空气污染,到郊外开阔的环境去呼吸新鲜空气,既让自己的身体在压力之下得到休息,又使自己的心灵在嘈杂之后得到久违的安宁,还可以寻找一些运动休闲的乐趣,这是他们对农家乐普遍的心理期待。

而城市居民虽然有游赏、体验休闲文化的强烈意识,但多数人并不愿意花较多时间和金钱远游著名风景点,去参加那些惊险刺激、对体能和意志要求都比较高的体育旅游活动,通常是就近考虑休闲旅游地,力所能及地参加一些活动。从距离上看,分布在城市周边一带的农家乐,交通便利,出游方便。而距离市区较远的一些著名乡村农家乐群,依靠纵横分布的多种等级的交通网络,居民自驾车出游也比较容易到达。城市居民也具备自助出游农郊的条件,其追求舒适优雅的生活,不少家庭都购置了私家车,为家庭周末、节假日郊外出游创造了条件。农家乐便宜的消费也颇具魅力。以休闲度假为目的的家庭或团体方式出游农家乐并参加一些消费不高、自娱自乐的锻炼活动不仅方便实惠,也为满足城市居民的休闲文化需求提供了有效途径。

二、乡村文化传承的需要

陆良坝土壤肥沃,历来以适宜耕作著称。较好的天然条件使农民能获得较好的收成,当地居民平静而自在地过着农耕生活。如果用西方体育视角来观察,可能会认为陆良坝农村几乎没有什么体育活动。事实上,陆良坝广大农村不仅是有体育活动的,而且拥有独特的体育民俗活动。另外,随着体育健身的普及,现代球类运动在乡村学校中普遍推广,乒乓球、羽毛球等小球运动在成人中也开展较多。这些活动的共同特点是以传统体育项目为主,闲散的、独享的活动多,融入了一些易于操作、较为普及的现代体育活动。

这些看起来比较简单的活动,其实孕育了丰富的内涵,活动的内容构成了乡村文化的一部分。从文化传承的角度看,现代乡村旅游不仅应该传承这些活动,而且应该进一步发扬光大,挖掘其极具潜力的文化功能。传统乡村要走向现代化,必须有现代文化进入到农民的生活当中,其发展仅靠自身承袭传统而脱离现代体育是不行的。同时,把现代体育推向乡村,也是一种必然的发展趋势。事实证明,充满生机与活力的地区,往往是现代体育开展得比较多的地区。村民从事什么体育娱乐活动,就形成其相应的文化取向。因而,引入积极健康的现代体育休闲活动项目,以激发和补充乡村体育活动,是农村体育更新发展的需要,是乡村文化传承的需要,也是解决农村文化生活单调乏味现象的一种有效途径。当然,人为的引入需要在条件成熟或创造适宜的条件下逐渐推行,并且还要适当保留和发扬传统体育,使现代体育融合在传统体育的世俗结构之中,这样在乡村开展的体育活动才会有扎实的文化底蕴和真实的魅力,也才能更为长久地传承下去。在这样一个文化传承的过程中,通过农家乐旅游这种形式,把现代体育活动融入其中,是比较顺其自然的做法。

三、城乡体育旅游联动发展的需要

把休闲生活方式推广到乡村、在农家乐旅游中适当融入体育休闲活动项目，并不只是单方面有利于城市休闲体育发展或单方面有利于乡村体育发展的对策。城市开展体育休闲运动的需求与乡村吸纳包容现代体育的需要，在农家乐旅游形式中可以找到契合点，二者协作联动，才能互相促进，资源互补，共同发展，达到双赢互利的效果。

城市与周边乡村虽然同处一地，但多年来城乡发展不平衡，生活方式、文化氛围差异明显。乡村虽然自然生态、人文景观保持良好，具有丰富的体育休闲旅游资源及开发优势，但仍然处于自然状态，开放开发程度较低，社会环境长期封闭，经济发展落后，其自然环境优势和地域优势远远没有发挥出来。而高度外向性的体育旅游业，是打破这种封闭障碍的手段之一。应通过农家乐旅游这种形式，在旅游活动中以游客需求为根本，根据旅游者兴趣、爱好的变化并结合农村当地实际和文化发展需要，设计和开发相应的体育活动项目，不断加以改进和创新，向客源市场提供内容丰富、功能完善的服务产品，大力吸引热衷于体育活动、热爱健康的城市游客前来消费。由此带来的人流、物流及技术、人才、信息、资金等，在一定程度上可以打破相对封闭状态，促进城郊和乡村的开放开发。同时，人流、物流及技术、人才、信息、资金向乡村的转移，也为城市体育旅游的发展开辟了一条新的出路，拓展了更为广阔的生存空间。通过体育休闲活动这一纽带，能把城市休闲体育和乡村体育的发展对接起来，才能将城市居民的回归自然、找寻和更新自我的新型休闲需求和农民对脱贫致富、建设美好家园的渴望联系起来，建立一种促进心灵沟通和返璞归真体验的新型旅游关系，一定程度上将旅游资源优势转变为经济优势，在城乡游客互动中推动农家乐旅游持续稳定的发展，并带动城乡体育旅游产业的发展。农家乐旅游是城市居民提高生活质量的一种新形式，也是农民致富的一个新渠道。

四、农家乐产品升级和可持续发展的需要

通过调查对比可以看到，我国开发较早的一批农家乐，包括曾经成名的品牌农家乐，安于现有的乡村旅游资源而不进行旅游产品的更新和升级换代，因为满足不了人们的需求而风光不再，有的甚至逐渐被人们淡忘，旧的客源不断流失，昔日的繁荣风光难现，经济效益明显下滑，出现了不可避免的衰退。

而后起之秀的一大批农家乐，注意吸取老农家乐的教训，注重高规格的设计规划和上档次的多功能开发，在迎合城市游客文化品位上下功夫，尤其把具有人本色彩的强身健体作为重大主题来考虑，其开发的有趣的活动项目、崭新的旅游

产品、丰富的旅游内容,越来越显示出不可抗拒的魅力,以此吸引游客并推动游客量稳步增长,形成了新的经济效益增长点。

乡村旅游开展所依托的资源,是充满生机与兴旺景象的,能将游人融于其中的环境、氛围和活动。在这些因素中,活动的开展是最具活力和创意的内容,与人的秉性和需求息息相关。只有开发好旅游活动,充分满足游客需求,才能实现旅游业自身的繁荣与发展,实现可持续发展。传统农家乐旅游单调乏味的传统旅游产品,已经不为现代城市游客所选择,到了非改不可的地步。社会的发展、人们观念的进步、健康休闲需求的增长,都对农家乐的发展提出了与时俱进的要求。事实证明,在农家乐旅游中大力开展具有民风民俗特色的文体活动,是吸引游客和稳定目标市场的有效途径,也是农家乐旅游产品升级换代的发展方向。因此,体育融入农家乐旅游,是农家乐产品升级的需要,也是其可持续发展的需要。

第三节　户外体育项目融入农家乐旅游的可行性

一、市民休闲生活方式的改变

城市居民作为城市周边农家乐旅游的客源主体,其休闲心态和休闲生活方式的变化,直接影响到农家乐旅游活动内容的选择。积极向上的休闲心态,会让人选择健康有益的休闲活动。城市居民近期表现出一个新的消费趋势——请人流汗。

随着社会经济的发展,全民运动潮席卷城市,从游泳馆到健身房,从网球场到羽毛球场,从田径场到自然公园……数以十万计的居民投入这股热潮,无论是朋友相聚、公司活动还是网友碰头、车友相约,很多人都投入到了"请人吃饭,不如请人流汗"的各项运动中。最近两年,足球、排球、乒乓球、门球、高尔夫以及骑马等项目也在不同层面的城市居民中流行开来。除传统的运动项目外,登山也逐渐成为了一种新时尚。一场运动热潮正在对城市居民的原有生活方式发出挑战,健康、新鲜的休闲生活方式正在促进城市居民体育健身观念的形成。而体育休闲健身观念的形成,又为城市居民热爱并积极参与体育活动奠定了坚实的思想基础。

二、城市空间有限

与城市居民日益高涨的体育锻炼热潮不协调的是,市区体育锻炼、休闲健身的场地设施仍然不足。体育运动的火爆,从另一个侧面反映了市区专业运动场馆数量少、无法满足消费者需求的尴尬。一些对公众开放的健身场所设置有高档体育设施及项目,但价格不菲,众多普通消费者难以承受。社区开设的为数不多的大众体育健身场所,又过于简陋,其活动项目和规模档次,无法满足城市居民的体育消费需求。城市居民休闲健身的活动场所,在市区内难以有理想的发展空间,随着各方面条件的成熟,可以将其逐步往周边的广大乡村转移。价廉物美、带有浓厚休闲色彩和活动参与性的农家乐旅游,正成为城市居民新的选择。

第四节 户外体育项目融入农家乐旅游的问题及对策

一、当前农家乐旅游的困境

我国农家乐经过近二十年的发展,无论在经营企业数量、规模,还是在旅游服务的种类、质量等方面都发生了很大变化,取得了长足的进步。然而,与先进的西方国家的乡村旅游发展状况相比,与城市游客对农家乐的期望相比,我国农家乐发展水平还有提升空间。在城市旅游产业结构体系中,其所占分量显得比较小,也没有进入国际、国内休闲旅游的主流消费市场,有待进一步探索和总结发展经验。

农家乐旅游作为乡村旅游的一种形式,既是生态旅游,也是一个复杂的多层面的游乐活动。它的吸引人之处在于其宁静优美的生态环境、天然的自然景观以及朴实的乡村生活方式、民俗文化等。农家乐旅游也可以是特殊形式的自然度假、徒步旅行、登山和骑马游、运动与健康游等,包含丰富的自然体验内容,具有一定的游乐及运动健身功能。目前,农家乐旅游在生态性和游乐性的开发上都存在明显问题,缺乏适宜的旅游活动产品,没有足以吸引游客参与的、长效的游乐形式和措施,任凭旺季游客爆满、淡季门可罗雀的无奈境况年复一年出现。很多农家乐经营是勉强维持,远远谈不上形成规模和产业,其开发状况表现出起步阶段的种种特征。造成这样的局面有多方面的原因,归结为以下几个方面。

第一,从开发意识上来看,经营者视野和管理水平有限,对农家乐的开发及发展方向无从把握。受知识的局限和小农意识的影响,多数从业人员对农家乐旅游的内涵、本质不太清楚,对自身的资源并不知晓,对游客的需求无从理解,重设施建设轻环境营造。其开发的档次和较低价位的服务虽然适应了农家乐经营的大众化特点,但忽略了城市居民日益多元化、休闲化、健康化旅游需求的存在及其重要性,缺乏前瞻性和战略发展规划,制约了长远效益和社会效益的发挥。

第二，从开发规模上来看，农家乐普遍规模小、分布散。多数农家乐都是小型经营，通常以住家的前庭后院为主要活动范围。农家乐之间，往往各扯各的旗，各吹各的号，各自招揽各自的客人，各人打理自家的生意，联合、协作的意识不强，既不具备大规模观光、参与的优势，也没有传统文化的乡土气息，难以形成规模经济，因此规模效益差，市场竞争能力弱。而且缺乏邻近景观的照应和组合互补，谈不上总体发展规划和规模开发，不能及时适应市场需要升级换代。

第三，从开发层面上来看，基本滞留于观光、采摘的初级层面，没有深入挖掘乡村旅游资源的文化内涵，没有营造出乡村与农家特色生活与文化氛围，缺少游客可以参与体验并能融于其中的有品位的活动，缺乏文化型休闲旅游产品及其体系。事实上，并不是所有的可以观光的乡村景观都能成为农家乐旅游等乡村旅游资源。只有那些能够激发旅游者旅游动机并进行旅游活动，为旅游业所利用并能产生经济、社会和生态效益的客体，才能成为乡村旅游资源。其精髓应该是文化和精神层面的东西。

第四，从开发模式上来看，单一雷同，缺乏趣味。农家乐旅游提供的家庭接待服务中，吃和住等比较容易融入乡情民俗，而对于"游"的理解，虽然见仁见智，却表现出了惊人的相似，造就了自助游玩模式，进而成为独具地域特色的农家乐标志性活动模式。这样的情景确实让少部分游客沉浸在其乐融融的氛围之中，但单一的模式使得更多游客无从选择，更谈不上兴趣和参与。

第五，从开发潜质上来看，缺乏创立名牌的魄力和战略思想。旅游产品开发起点低，缺乏新意，没有稳定而持久的市场需求、能稳定而持久地生产下去的高质量旅游产品，没有形成一批真正的特色品牌，表现出对农业生产收获活动和传统节庆活动的极大依赖。从整个行业看，农家乐低档次产品多，名牌产品少。同时，开发和创新投入不足，更新慢，新产品开发无力，显得后劲不足，无法带动、引导国内农家乐旅游市场需求向高层次发展。

第六，从开发项目上来看，一般限于娱乐类活动，很少有体育类以及其他文化类的休闲项目。乡村宽阔的场地、起伏有变的地形以及山坡、树林、池塘、小溪等天然户外活动资源没有得到重视和开发，造成大量优质休闲健身资源的闲置浪费。

第七，从开发配套上来看，缺少农家乐旅游专线和富有特色的专门交通工具。位于交通干道沿线的农家乐毕竟是少数，更多的比较地道、"农"味更浓、人们更感兴趣的农家乐，则散落于阡陌纵横的广大乡村，很多地方没有方便可行的交通可以抵达，也没有专车或其他带有农家风味的特色旅游交通工具可以乘坐。游客举家前往出游，即使自驾车，也受阻于泥泞的乡村道路，更谈不上乡村旅途中快乐行程所带来的快乐享受。

二、户外体育项目融入农家乐旅游的对策思考

总体上说,农家乐旅游这些年来始终时冷时热,整体是一盘散沙,没有实质性的升温迹象,整个行业相对于传统旅游业发展来说明显滞后。但是,作为一种新兴的特色旅游类型,它也正面临前所未有的发展机遇。

随着社会经济的发展和小康社会的建成,居民逐渐富裕,休闲时间增多,生态、健康的休闲生活方式成为时尚并且日益普及。在这种新的生活方式的引领下,城市居民娱乐健身需求日益增长,出游频率增高,旅游方式灵活多样,中短途旅游、自驾车旅游、自寻景点旅游等新的旅游现象不断涌现。旅游消费选择的多元化,使传统旅游市场呈现多样化、多层面发展趋势,休闲度假旅游逐渐盛行,都市周边中短途距离的乡村游日益受到城市居民的关注。

同时,随着城市的扩大与发展,城市居民的居住环境日益现代化,这无疑人为地使人与自然的距离越来越远,背离了人类生于自然、归于自然的天然属性。而农家乐地处城市与原始自然生态的交界地带,辽阔的空间、幽静的环境、清新的空气、古朴的乡村风貌、新鲜的食物、怡然自得的生产劳作方式,无不对城市居民产生强烈的吸引力。乡村旅游者产生的旅游动机,就是城市居民在假期充分利用近郊乡村的优美景观、自然环境、文化等资源满足回归自然的需求。农家乐旅游为城市居民开辟了回归自然的途径,是人类追求本真生活的一种旅游活动形式,其所特有的休闲、度假、游乐功能也受到城市人群青睐。

农家乐旅游作为一种时尚休闲旅游方式,只有把握好现行人们的休闲心态,迎合都市人亲近自然、娱乐健身的消费心理,开发出以自然田园风光为基础、民风民俗为核心,可以亲身体验和参与的丰富多彩的游玩活动,为城市居民提供丰富、舒适的休闲健身娱乐场所,满足城市人较高层次的精神文化需求,才能最大限度激发旅游需求动机,赢得市场并保持生命力。这也是农家乐旅游面临的一个新挑战、新方向。

同样是时尚休闲方式的体育休闲旅游,与农家乐旅游之间有着广泛的结合基础和密切兼容的活动内容,二者的结合,是实现乡村旅游产业资源配置的一种很好的形式,由此提出把体育项目融入农家乐旅游活动的发展对策。本书将尝试从旅游项目的设置这个旅游开发的核心因素入手,解决农家乐旅游开发中存在的一些问题,弥补农家乐旅游活动项目的诸多空白。

(一)适应健康生活方式,开辟新的发展路子

城市居民有闲暇的时间、锻炼的传统和较强的休闲意识,但积极向上的休闲健身活动仍然有限。农家乐旅游客观上使城市居民具有休闲健身的时间和空

间。在这一旅游过程中,如能提供多种游乐型体育休闲项目,可以使游客充分利用闲暇的机会,在自然生态环境中轻松愉快地参加有益身心的娱乐健身活动,既充实其闲暇的时间,又有助于推广健康生活方式,也能把游客的被动观光变为主动的游览和参与,从而以特有的方式将城市游客整合到乡村旅游开发过程中,形成旅游过程与游客互为依存、彼此促进的联动格局,为农家乐旅游自身的发展开辟新的正确的路子。

(二)开发户外健身活动项目,充分利用农家休闲资源

市区周边的地理环境对于城市居民而言是极其方便的户外活动区域。借助这些富有特色的休闲旅游资源,因地制宜开发体育休闲旅游基地,开展和当地自然景观、人文风情相协调的户外运动项目,可以吸引城市居民出城参与高品质的户外活动,以此引导人们的旅游消费,也充分利用农家休闲资源。从发达国家乡村旅游的成功经验来看,充分开发资源和户外活动项目,是西方乡村旅游具有特色的重要原因。

(三)开展体育休闲活动,提高农家乐旅游文化品位

开发趣味高、参与性强、文化内涵丰富的新型旅游项目势在必行。在城郊农家乐开展一些充满动感与活力的现代休闲体育活动,在乡村农家乐开展一些自然浪漫的休闲娱乐活动,促使从流行的吃喝等游玩方式向具有文化特色的娱乐项目转变,从而可以推动农家乐朝健康化、高品位发展以适应时代的要求。

(四)促使农家乐扩大规模,提高综合服务功能

各行其是的农家乐,以其现有的规模与实力,只能维持小打小闹、举步维艰的局面。相比之下,国外乡村旅游度假地,不但投入多、规模大,而且功能全。芬兰的乡村旅游通常都有相当的规模,旅游活动十分丰富,搞得很红火。距离其首都赫尔辛基145公里的伊洛拉私人农场,占地90公顷,有十几座木制农舍、大片的农田和森林,一年四季对游客开放。每逢周末或节假日,农场会迎来许多度假的家庭,根据季节的不同,客人或在湖边垂钓、划船和游泳,或到林中远足、摘浆果、采蘑菇,或在冰上钓鱼,或在森林雪道上滑雪、坐雪橇。农场每年还举办2~5天的骑术培训班,喜欢骑马的人可以在农场练习骑术,熟练的骑手则可以在农场的遛马场练习跨栏,儿童可乘坐矮种马马车游览,新婚夫妇可租用老式马车到教堂举行婚礼。度假期间,不但成人过得充实有趣,小孩子也从这些活动和经历中受到了教育并获得了快乐。其成功的经营也给我们一个启示:多种类型的体育游乐项目融入乡村旅游,能够扩大规模,促进资源整合,大大提高旅游地的综合服务功能。其中,游乐项目和体育设施的多少、质量的高低,往往成为是否吸引游客的关键。

(五)弥补季节缺陷,促进重复消费

农家乐旅游无法解决的一个难题是:受时令季节的限制,有分明的淡旺季,旅游高峰相对集中于"五一""十一"黄金周。而体育休闲运动不受气候季节限制,一年四季都可以开展,在农家乐旅游活动中融入配套的、与当地民风民俗相适应的游乐体育项目,可以填补旅游活动的空白,弥补其淡季经营的缺陷,还可以由此带动相关消费,延长旅游者的滞留时间。而且体育活动可以长期重复进行,这样又可以引导旅游者到固定地方重复消费,形成相对稳定的客源。

(六)联动多方开发,促进政府扶持

在农家乐经营集中的地带建设大众化的健身、娱乐设施,对体育娱乐项目进行规划,牵涉到交通、通讯、基础设施等多方面的开发与建设,由此带来的资金投入、政策倾斜、科技引导以及各种社会力量尤其是政府管理部门的关注与扶持,无疑将给农家乐旅游带来新的发展契机。在政府管理部门等的扶持配合下,当城市居民出行和城乡之间的沟通有更为便利的条件时,农家乐的游乐体育设施也必将迎来更多的旅游者和消费者。

第五节 户外体育项目融入农家乐旅游的原则与思路

一、开发模式构建的原则

在农家乐旅游开发中融入体育休闲活动项目,应该把握好以下原则:

第一,根据乡村体育的特点,开发传统的、地域性的娱乐休闲体育项目,促成传统与现代体育的相互协同,并能交融于当地村民的生活中;

第二,根据游客的特点,结合本地资源情况,做好市场定位,既突出特色,又符合当地经济发展水平和城市游客实际需要;

第三,结合农村天然、朴实、绿色、清新的环境氛围,突出天趣、闲趣、野趣,挖掘和展现乡村体育旅游的独特魅力;

第四,设计能吸引普通市民游客共同参加的活动,照顾到老人、青少年、妇女等各种群体的体育需求和爱好。同时项目成本应较低,易于实施和管理。

二、开发构建

农家乐以单家独户独自经营为主,占地面积也小,前庭后院摆设了品茗、棋牌以及餐饮的桌椅等设施以后,已经没有多大活动空间,院内景致和陈设已成定制的形式,要在这样的弹丸之地设置丰富有趣的体育活动项目是不现实的,规模有限、封闭经营始终是农家乐提升综合服务功能的致命弱点。即使在规模可观的乡村农家乐,各家虽然连户成片,比比皆是的篱笆墙仍然隔离出了分明的界线,彼此无法冲破牢固的地理界限、家族经营的状态进行联合开发,真正形成集游、食、宿、行、娱、购于一体的产业链。鉴于此,可从融入途径、融入方式、融入类型的角度,分别把体育项目融入农家乐旅游。

(一)融入途径

1. 内部融入式

着眼于已有农家乐景点,从内部进行资源整合,由政府或投资主体引导相关个体或小型农家乐旅游点,通过合并、合资、合作等方式组合,多方面多角度整合旅游资源,扩大用地、场所、规模。在保持农家乐原有经营品种、乡土化特色的基础上,规划、新建体育运动场所,配置简便易行的体育活动器材,增设体育休闲活动项目,为游客提供富有民风民俗风情的大众化的体育服务,让游客在自在、随意、轻松中参与锻炼和娱乐。所设置的项目应多是传统的、人们喜闻乐见的游乐项目,投入不多,不需要特别技巧技能,体力消耗量因人而定。有的项目可以免费提供设施,如羽毛球、乒乓球、网球,以及到附近不加任何修饰的池塘里垂钓、放舟。一些新奇有趣的项目如划船、骑马、赶牛车等可以收取和农家乐消费水平相匹配的活动费用。还可以派专人表演踩水车、推鸡公车等劳作技能和转陀螺、放风筝等传统体育游戏,传授舞龙、腰鼓、秧歌等文体活动技巧,让游客能够充分参与其中。这种模式以丰富农家乐活动、增添乡村旅游情趣为目的。通过资源整合,农家乐自身也完善了硬件设施,提高了服务水准。

2. 外部注入式

着眼于成熟农家乐景区,从外部进行资源配置,吸引经济实体在景区外围或附近投资新建具有游览、娱乐、消闲、锻炼等多种功能的专门运动场所。以体育休闲运动为主要特色,设置专业体育运动设施,开发中高档体育运动项目,主要是休闲性的现代体育运动项目,吸引游客参与适量运动或游乐型竞赛,同时提供技能培训、技术指导、竞技表演、信息咨询等多种类型的体育服务,满足游客特别是比较固定的回头客休闲健身的需要。这种专门场所需要引进有关技术和人才,有一定专业水准,投入较大,成本较高,消费相对于一般农家乐较高。所经营的内容与农家乐有所区别,但总体风格与当地民风民俗协调。这种模式以提供丰富多彩的活动为主要目的,作为农家乐旅游的补充而存在,从不同方面服务游客。

(二)融入方式

1. 乡村健身休闲俱乐部

建在环城农家乐圈的近郊范围,作为环城农家乐开展各种体育活动的基本组织形式。融入途径为外部注入,以俱乐部投资者、组织者为农家乐业主,开设目的是为城市居民提供具有乡村自然环境的休闲、健身、娱乐场所。其外部形式可以是室内体育场地,包括馆、池、房、厅,也可以是户外体育场,能与自然环境协调融合,同时配以会议室、更衣室、餐饮等常规农家乐设施与服务。开展的项目主要为现代体育活动。根据规模大小和所处地区与城市居民居住区的关系,可以综合性地同时开展多个项目,如球类运动、体操类运动、游泳类运动,也可以只开设某个单项,突出一个主题和特色。比起城市内健身俱乐部,乡村健身休闲俱乐部场地大、空气好,可选择的活动多,主要利用周末和节假日开展活动,游客活动起来时间更充裕,感觉也更随意舒适。配以农家乐的生活服务,富有特色,消费适中。

2. 体育休闲乐园

适于环城农家乐圈和乡村农家乐群等多种农家乐,内部融入和外部注入的途径都可以采用。要求农家乐有较大的经营规模和天然成趣的自然环境,在其面积有限的用地上集中设置和建造适宜的体育设施,把乡村环境、绿地与运动场所有机融合为一体,在显现自然景观的同时,也建成了体育健身场地,供游客进行体育休闲和锻炼,参加体育游戏。如在草坪和林中空地、硬质地面上建游戏场、网球场、游泳设施,建湖泊、码头,投放小船等,开设健身操、柔道、舞蹈、乒乓球、门球、台球、旱冰等具有文体一体化特点的体育活动,或接力赛、拉力赛等趣味性游戏活动。既有大众运动设施,也有儿童游乐项目,规模大小和开发主题因地制宜,不一而论。开发中注重把这些活动的韵律性、传统性、休闲性充分展示出来,体现出人、自然与环境之间的和谐关系,为游客安静休息和从事多种形式的娱乐、锻炼活动创造宜人的环境。

3. 体育休闲农庄

建在远郊农家乐群集地带。农庄由相关农家乐旅游点联合组建,彼此协调成有多个自然景点、多种体育项目基础设施的成规模、集约化农家乐旅游实体。

融入途径为内部融入。农庄能因地制宜开发各类设施,如射击的场地,遛马的通道,戏水的池塘,野炊的树林和山坡,还有具备一定体育知识的从业人员。以民俗体育活动项目为主,可开展的项目有:较为平和的如徒步、跳绳、钓鱼、登山;较为刺激的如骑马、赶车、射击、打猎、野炊、野营、山地自行车;高科技的如热气球也可以尝试。因为有这些活动的支撑,农庄一年四季都可以对游客开放,春天可以踏青、赏花、烧烤,夏天可以游泳、划船、垂钓,秋天到林中采摘果子,在树林里远足、采蘑菇,冬天则参加遛马、旱冰、网球等活动。游客还可以参观庄园历史文化展览,观赏民俗歌舞表演等。农庄至村口或所属城镇的车站建有适合慢跑、走步等的林荫乡村小道,备有马车或牛拉敞篷车等古朴的进村交通工具,这些仿古的乡村交通工具可以专程在村口或车站接待客人,以此开启都市游客梦幻般的乡村之旅,将路途时间无形地转化为旅游时间。

4. 农郊野营地

建在远郊农家乐集群地带,融入途径为内部融入。在农家乐附近景色秀美的小河边、山坡下、果园里、树林中,依托绿色农业营造的生态旅游环境,依山傍水开辟农家乐露天野营地,为都市游客提供野外吃、宿、游、玩服务,让游客在参与中学习,在游玩中放松,在休闲中度假,在自然环境中活动、锻炼。营地配有小木屋、帐篷、睡袋、锅碗等基本生活用品。游客可以自助烧烤,白天参与劳作,晚上守护果林,可以有充分的机会享受大自然的野趣,体验生活的自然本色,感受人与自然的和谐关系,也通过这一过程来锻炼身体,培养游客自己动手的能力和面对困难、战胜困难的勇气。

(三)融入类型

1. 自主式

由农家乐业主提供富有休闲娱乐特色的体育活动基本设施,设置多种类型的、能够协调于乡村自然风景和人文景致之中的体育娱乐项目,包括收费项目和免费提供的项目。游客根据自己的喜好、年龄及身体状况,自行选定一定规格档次的项目进行活动,或单个项目,或组合项目,或个人参加,或家庭成员、亲戚朋友共同参加,不受时间、人数、程序的限制,顺应乡村体育的随意性和闲散性氛围。自主式体育活动不以活动本身为目的,而是强调把人的活动融于自然之中,在回归自然的体验中寻求动感的乐趣,感受生命的意义。适宜开展休憩型、参与型、游戏型的活动项目,特别是传统体育活动项目。

2. 组织式

由农家乐业主根据游客的要求,统一组织开展大家共同感兴趣的体育休闲活动项目。借助农家乐已有场地、环境和体育活动设施,聘请商业化体育活动公司的专职人员前来组织开展新奇、时髦、趣味、刺激的体育活动。根据活动量和专业水准,收取活动经费。组织式活动重点在活动上做文章,活动内容力求以新奇性、精彩性吸引游客;活动形式上,以团队来组织,对众多游客分组分角色,让角色与角色之间互相配合,组别与组别之间互相竞赛,既有对抗性,又有观赏性,不仅营造出活跃的气氛,也调动了游客的参与积极性,使参与者在娱乐中健身,并从中感悟竞争意识和团队协作精神,给人以教育。这种方式可以有效又低成本地弥补农家乐旅游活动不足、少有乐趣的缺陷,适合成人、学生团体型旅游。如成都龙泉驿一些大型一点的度假村,就采取这种形式聘请专人指导开展彩弹野战游戏等活动,有的一天之内邀请三个专业队的教练前来组织不同的活动,把游客的旅游过程搞得新鲜刺激,自身效益也明显上升。

农家乐旅游初级乏味的活动开发现状和城市游客乡村旅游精神需求之间的矛盾始终存在并有日益增大的趋势,正在严重制约农家乐旅游的开发质量和发展后劲。认识和解决农家乐旅游项目设计、开发的缺陷,极大丰富其文化内涵,是农家乐提高经济效益和实现可持续发展的关键一环,已经成为刻不容缓的理论和实践课题,值得从战略发展的高度予以重视并加强研究。

农家乐旅游应该开展什么活动、生产什么旅游产品,要以消费者的选择为取舍。农家乐旅游只有帮助城市游客实现旅游价值追求,满足他们在乡村休闲、娱乐、健身的需求,才能有效地迎合游客千差万别的需求,保持旺盛的生命力,最终求得自身的发展。农家乐旅游能够发展到现在这个阶段,取得不可小视的成就,一个重要的原因,就是它抓住了时代变迁所带来的机遇,顺应了人们生活方式的改变,借助于田园风光,在一定时期一定程度上满足了城市居民喜爱乡情野趣、回归自然的精神文化需求。

随着当今城市的快速发展和城乡一体化进程的推进,城市居民的生活方式又在发生新的变化,人们日益崇尚休闲,更加关注自身和家人的身心健康,追寻清新自然的环境,热衷于对身体有益的各种体育活动,由此对农家乐旅游这种形式也提出了更多更高的活动要求。

从各地农家乐旅游的自身优势和城市社会、经济、文化背景及其发展趋势来看,有选择地把一些休闲体育运动项目融入农家乐旅游中,把体育项目与农家乐旅游有机和谐地结合起来,开发独具特色的乡村体育旅游,不仅可以极大丰富农家乐旅游的内容、扩大其经营规模,提升其综合服务功能,而且可以以特有的方式和魅力牢牢吸引以城市居民为主要对象的游客,为实现农家乐经营和城市体育旅游的互补双赢开辟新的发展思路。这也符合旅游资源开发的特色性原则,是构建农家乐旅游新型发展模式的有效途径。

第九章 乡村户外体育旅游与生态文明建设

第一节 生态文明背景下乡村户外体育旅游文化发展

一、乡村户外体育旅游文化建设的三个载体

发展乡村户外体育旅游需要投入的经费并不大,但是凝聚力和号召力却较强,而且体育旅游还可以与乡村文化事业的发展结合起来,对于建设社会主义新农村有着良好的推进作用。要加强乡村户外体育旅游文化建设,必须抓好三个层次的活动载体。

(一)重视以家庭为单位的体育文化活动

家庭是构成社会结构的基本细胞,具有生产经营、生活养育、文化传承、体育传播、社会管理等多重社会功能,它是构建社会和谐稳定的最小单位。在面对社会经济发展带来的乡村传统结构的变化,大量劳动力转移引发的传统文化变迁时,需要有意识地强化家庭的传统社会管理作用,发挥教育管理的功能。

(二)加强以乡村为单位的体育文化活动

任何一个人类群体要良好地生存,都会自然以社会关系结成一个完整的文化系统,通过各种方式来实现社会和谐,减少冲突。在乡村地区千百年传承下来的社会结构通过节日庆典、传统体育形式结成的集合体,对于实现乡村户外体育旅游文化的繁荣和发展有着不可替代的作用,形成了一系列如武术、舞龙、舞狮、赛龙舟、摔跤、赛马、放风筝、荡秋千等区域性、民族性的体育文化项目。

(三)通过小城镇建设推动乡村户外体育旅游文化建设

小城镇是乡村与城市的连接点,小城镇的体育旅游文化建设对于广大的乡村地区具有示范和辐射作用。小城镇具有中介地位,即小城镇虽小,但是点多、面广,背靠城市、根植乡村,既不乏城市的特点和功能,又与乡村保持密切的联

系。它既可以作为包括体育旅游在内的城市生活方式向乡村辐射的过渡,又可以作为拉动乡村体育发展的支撑。要迅速改善乡村地区体育旅游文化建设,改善基础设施和建立起完整的公共体育服务体系,应当先从小城镇的建设入手,使体育旅游文化更好地服务于乡村和乡村地区居民,推动乡村户外体育旅游文化事业的整体发展。

二、生态文明背景下乡村户外体育旅游文化发展面临的问题与挑战

(一)制约乡村体育文化发展的因素

1. 体育文化活动参与意识低

实践证明,一个地区、一个民族绵延千百年积累起来的传统文化(包括传统体育文化),对群众体育活动内容的产生和发展,对人们体育健身观念的形成乃至体育健身方式的选择具有重要的影响。乡村地区居民的体育文化活动参与意识不强,体育文化知识匮乏。由于政府重视程度不够,指导思想不明确,缺乏有效的组织管理,没能有效地引导乡村地区居民转变思想观念,帮助他们增强健身意识,也没能经常开展一些小型多样的体育文化活动,结果就导致乡村地区居民参与体育活动的积极性不高,尤其是体育文化活动,更是很少有人参加。要使大多数乡村地区居民自发地、科学地、有组织地开展体育文化活动,任务十分艰巨。但乡村也有其自身独特的优势,因为传统体育文化植根于广大的乡村,它对民族的发展产生了深远的影响。

长期以来,乡村居民从事体力劳动,在相对封闭的环境中形成相对固定的价值模式或心理定势,认为"劳动就等于健身"的观念在乡村居民的头脑中根深蒂固。加之乡村本来就缺乏时间、技术、条件方面的支持,居民很难经常参加体育锻炼。这些传统而又陈旧的观念成为乡村体育发展的最大阻力之一。在这种观念下,许多乡村居民宁愿把闲暇时间用在棋牌上也不愿意改变休闲方式而参与体育锻炼。为了改善这种情况,需要多方努力,充分发挥各种传播媒介的联合效应,让乡村居民深刻认识到体育在提高生活质量、营造和谐氛围中的作用。另外还要积极创造条件,使乡村地区居民在日常生活中能够感受到或亲身体验到体育文化特有的魅力。让居民在浓厚的体育文化氛围中受到感染,产生对体育的兴趣,产生运动的激情,弥补农业劳动对机体锻炼的不足,全面发展身体素质。

2. 经济发展落后

经济是社会发展的基础,也是乡村户外体育发展的基础。乡村户外体育的

发展规模、水平和速度,很大程度上取决于经济发展水平,取决于经济发展所能为乡村户外体育发展提供的物质条件,取决于经济发展带来的个人经济状况以及由此而引发的人的观念、思维方式和行为方式的改变。经济对乡村户外体育的影响主要表现在:首先,经济制约着体育经费投入水平。在我国,体育事业经费的投入是按照一定的比例进行的。政府财政收入多,投入就相对多一点,收入少,给体育事业的投入就少。现阶段,我国县和乡镇两级财政有限,要让乡镇政府把有限的经费大量投入体育事业,实在勉为其难。其次,经济发展决定人们的体育需求。恩格斯把人类生活分为生存、发展和享受三个部分。人类只有在保证了生存的基本生活资料——衣食住行解决之后,才会追求生理和心理上的放松和享受。这种追求,正是社会不断进步、人们自身文化程度不断提高、生产力不断发展和人们余暇时间不断增多的结果。

3. 地方政府重视不足

《中共中央关于农业和农村工作若干重大问题的决定》(简称《决定》)提出了农业和农村跨世纪发展的三大战略目标,文化建设是其中之一。但是,地方政府重视程度不够,行政管理力度有待加强。在实施《全民健身计划纲要》,构建群众性体育服务体系中,政府应重点抓的三个环节(一是建设好群众健身场地,方便群众就地就近参加体育活动;二是健全群众体育活动组织,建立社会体育指导工作队伍和社会化的群众体育体系;三是举办经常性群众体育活动,丰富群众体育文化生活)却未能很好落实。监管及合理的安排力度有待加强,乡村基础设施建设仍难以满足乡村地区居民的体育需求。近年来,乡村体育设施建设仍滞后于乡村小城镇发展,健身场地设施不足,无法满足乡村地区居民健身需求,制约了乡村群众体育的广泛开展。我国部分乡村没有专用的体育活动中心,一般村落中的体育场地往往存在于当地的小学中。近年来,由体育彩票公益基金支持的全民健身路径等体育器材设施也只是在部分乡村地区相对比较开阔的地方安放,只有少数经济条件优越的乡村地区中能看到乡村居民健身中心。体育设施的不足限制了乡村居民的体育需求。同时,作为体育文化的重要物质基础,本应设立的体育设施因为地方政府的重视不够而投入不足。相当数量的乡村体育开展基本处于空白情况,基础建设不足,使乡村居民健身需求得不到满足,也降低了他们锻炼的热情。

(二)生态文明背景下乡村体育的发展机遇

1. 国家对乡村建设的支持为乡村体育发展奠定基础

社会主义新农村建设是一项长期系统工程,其过程十分艰巨、复杂,其建设过程涉及我国政治、经济、文化、社会等方面。乡村户外体育旅游文化对乡村体育的发展具有重要的导向和推动作用，同时也是新农村建设领域的重要组成部分，更影响着整个新农村建设的可持续发展。国家相继出台了一系列惠农政策，为乡村建设提供了良好机遇。另外，各地政府也把全民健身工作作为乡村精神文明建设的一项重要内容，通过开展各式各样的群体活动，不断提高乡村地区居民体育健身意识。乡村地区居民的生活彻底改善不仅仅是物质生活的提高，更重要的是精神文明建设在乡村的全面贯彻和落实，这一历史需求为乡村体育的开展提供了契机。

2. 生产力的飞速发展为乡村体育活动开展奠定基础

科技是第一生产力，科技革新为乡村解放生产力提供了更大的发展空间，乡村居民在越来越普及的机械化农业革命中品尝到了更多的生活乐趣，闲暇时间逐渐延长，人们追求更多、更丰富的精神生活成为了可能。日益富裕起来的乡村居民的生活方式也随之发生改变，精神追求也逐渐呈现多样化。和谐社会建设所倡导的先进文化必须居于乡村居民的精神文化主导地位，人们喜闻乐见的体育活动作为一种先进的文化形态，在这一抢占精神阵地的过程中无疑是最好的选择之一。因此，现阶段在广大乡村开展乡村体育具有现实需求基础。

3. 国家不断加大设施建设力度为乡村体育奠定基础

随着《全民健身计划条例》和《体育强国建设纲要》的颁布实施，国家对乡村体育场地进行了重点建设。例如，2008年国家安排资金在河南、江西、湖北、广西、重庆、陕西、山东、浙江等8个省市选择2 500个行政村进行试点，进行乡村体育场地设施建设。国家建设乡村体育设施的力度加大尽管不可能完全满足乡村体育的需求，但在一定程度上能够发挥示范作用，吸引更多的地方政府资金和社会资金的投入，协同配合，改善乡村体育基础设施现状，为乡村体育活动的开展奠定物质基础。

三、生态文明背景下乡村户外体育旅游文化发展的途径和意义

（一）发展乡村生态体育的优势

1. 民间体育项目资源丰富

我国民间传统体育活动多数产生于乡村的生产、生活以及节庆、农闲活动中，活跃于村、寨、屯、乡。许多体育项目具有深厚的文化背景和历史传统，如龙灯、舞狮、龙舟竞渡等，在大江南北广受欢迎。这些体育资源不仅是我国传统文化的宝贵资源，也是乡村体育开展的重要资源。除此之外，一些传统的民间体育

项目成为非物质文化遗产保护的主要内容,民间民俗的体育项目不仅得到了继承和发展,也成为旅游、节日庆典表演的重要项目,形成一定的经济增长点。而演绎这些项目的人也大多是当地的居民,这也在一定程度上促进了乡村体育的发展。因此,丰富的民族传统体育项目是乡村体育发展的人文资源优势。

2. 乡村地区居民闲暇时间充裕

随着乡村电气化、信息化、机械化程度的提高,乡村地区居民的生产和生活方式也发生了巨大的变化。这种变化带给乡村地区居民最大的实惠就是闲暇时间的增多。有关调查显示,北方乡村地区居民平均每天的闲暇时间为305.82分钟,占一天时间的21%。这一数字是除去生产劳动、生理必需和家务劳动时间后,可用于闲暇生活的最大可自由支配时间,但并不等同于乡村地区居民实际投入闲暇生活的时间。乡村地区居民的空闲时间具有三种闲态:闲置、闲待、闲暇。闲暇时间的增多为乡村地区居民参加体育休闲活动提供了可能。乡村地区居民虽然拥有较多的闲暇时间,但目前真正意义上用于闲暇活动的时间较少。如何充分利用乡村地区居民的闲暇时间,构建合理、科学、健康的生活方式,是建设乡村新生活、新文化的需要,也是解决乡村体育发展的一个重要问题。

3. 活动场所自然资源充裕

我国民间传统体育因气候、地形等自然条件及社会因素的影响,形成了与自然环境、物质生产方式、行为方式和生活习俗相融洽的体育文化和体育项目。与西方体育不同,我国大部分民间传统体育项目不需要特定的场地,只要有一块空地即可开展。相对于城市,乡村地域宽广,房前屋后、田间地头、溪边河畔、山川河流等都是开展传统体育活动的理想场所。对于爬山、垂钓等活动,许多城市居民要专门坐上几个小时的车到乡下才能参与其中,而这些活动就在乡村地区居民们的家门口,只要他们愿意,随时都可以享受到。

(二)推进乡村生态体育文化发展的意义

1. 促进乡村地区精神文明建设

随着社会的发展,越来越多的城市居民愿意到乡村去,到广阔的自然去,享受农家乐带来的淳朴的民风民情的体验,乡村成为现代都市人的精神家园。同时,乡村人的朴实又将感染城市人,达到人与人心灵的互补。农家乐休闲体育旅游带来了人流、物流,更带来了意识流、思想流。旅游的开发不仅给旅游地经济发展注入了巨大的生机和活力,更给旅游地带来全新的观念和思想。城市和农村文化的交融和冲撞,将城市的文化带到乡村,有助于改善乡村文化、提高乡村劳动者素质和缩小城乡差别,更为乡村带来全新的服务观念,大大增强了当地居民的文明意识,促进了乡村地区的精神文明建设。

2. 带动城市边缘体育的发展

随着科学技术迅猛发展,人类生活发生了巨大的变化。这种变化主要体现在余暇时间的增多、物质条件的丰富和"现代文明病"对人类身心健康的侵扰。余暇时间的增多使休闲有了必要的前提,经济的发展为人们休闲提供了物质基础,使人们有能力选择更多的休闲方式,而"现代文明病"则促使人们主动寻找积极、健康的生活方式。乡村休闲体育因其内容和休闲区域具有一定的特性,可以将其看成是城市休闲体育的延伸,带动了城市边缘体育的发展。

3. 为体育专业毕业生提供就业保障

近几年来,高校体育毕业生急剧增长,给体育专业毕业生就业带来了空前的压力。乡村生态体育对营运和管理人员提出了更高的要求,既需要掌握休闲体育知识的专业技术人员,更需要高层次、复合型的管理人才,体育专业毕业生正好符合其要求,他们将学习的专业技能知识和一定的管理能力应用到乡村生态体育的经营中,不仅传播体育专业技能,还能进一步使乡村生态体育向更高层次发展。

4. 有利于形成可持续发展产业链

乡村生态体育要实现长远发展目标,必须在挖掘乡村绿水青山的文化内涵以及突出地域文化特色上下功夫。乡村生态体育休闲活动是人们在余暇时间为达到释放压力、寻求刺激、冒险、健身等多种目的于户外进行的各种身体活动方式。它们的最大特点是活动主体的自选性、活动内容和形式的多样性。乡村体育旅游项目的拓展,使乡村生态环境建设的步伐提速。在"全民健身与奥运同行"理念的倡导下,乡村体育旅游正以其独特的魅力吸引着全国民众的参与,体验型、参与型、自助型、团队型等形式多样、内容丰富的乡村体育旅游项目,如漂流、皮划艇激流回旋、登山、攀岩、洞穴探险、野外生存等,已经悄然走入到人们的日常生活中,逐步成为乡村经济开发的支柱性产业,这是对农家乐旅游的有力补充。发展乡村生态体育应针对不同的目标市场开发不同的体育休闲项目,提供不同的休闲活动和体验,充分考虑当地环境的承载能力,强化资源保护、环境保护的意识,结合当地主导产业和自然人文环境。同时,要将自然资源管理部门和老百姓充分结合起来,让老百姓真正、积极、主动地参与到发展中来,进而推动体育旅游产业的发展,促进当地经济的可持续发展,实现生态、经济和社会三大效益。

5. 有利于生态环境的保护

生态环境是人类赖以生存的根本。改革开放后,我国乡村建设虽然取得了巨大的成就,但还应该看到我国广大乡村走可持续发展的乡村建设之路所面临的生态环境的挑战。农业生产对乡村环境造成污染,化肥、农药的不合理使用,对土壤、水、生物、大气以及人体健康造成危害。另外,规模化养殖业废弃物,畜禽粪便大幅度增加,也会影响乡村居民生产生活。随着乡村经济条件的改善,垃圾产生的数量增多,如果管理无序将危及到乡村生态环境。

自然环境会对体育文化系统以及该系统中不断变化的人产生直接或间接的影响。自然环境是体育产生、生存和发展的最基本条件,人类对环境的社会生态适应即人类文化,体育是人类对环境适应的产物,形成了体育文化。传统体育文化的传承与发展正是适应了生态的自然发展。而乡村正是传统文化的发源地,推动乡村生态体育发展不仅有利于乡村经济的改善,增加乡村地区居民的收入,提高乡村地区居民的精神文明和物质生活,更有利于体育事业的循环发展。因此,倡导与开发乡村生态体育,优化乡村地区自然环境和人文地理环境,通过生态体育创建绿色和可持续发展的理念,利用乡村得天独厚的自然环境,积极开展如担挑粮食赛、抗旱提水保苗赛跑、插秧赛、原地抛掷秧苗赛、拔草赛、抗洪搬沙包赛和集体奔小康接力赛等与农业生产技术结合的乡村体育活动,不仅能调动乡村地区居民的农业生产积极性,还能激发广大乡村地区居民发展村落农业、增收致富的豪情壮志和创业激情,这无疑为农业的生产创造了良好的环境。适度的开发和利用生态资源,一方面带动乡村的经济,另一方面为乡村的生态环境创造有利的条件,同时也丰富了乡村地区居民的精神生活。

6. 乡村体育是培养乡村新农民的人文力

乡村体育对塑造乡村地区居民的作用是间接而隽远的,而这一作用又集中地体现在乡村学校体育的身上。乡村学校体育作为乡村义务教育不可或缺的组成部分,其辐射出的文化力则主要是借助推进乡村义务教育来实现的。乡村义务教育的普及与提高,不仅能引导乡村地区居民了解农业科技知识、适用技术、经营知识和管理知识,培养乡村地区居民的法律、道德、文明等综合意识,还能引导乡村地区居民改变生活习惯,逐步树立文明、科学、健康的生活方式。

7. 乡村体育是引领乡村风尚的人文力

乡村体育作为乡村地区居民健康文明的生活方式之一,对营造乡村风尚的氛围具有强大的推动作用。

乡村体育活动已成为培养乡村地区居民科学、文明的生活观,倡导健康文明的乡村社区新风尚的载体。有研究认为,体育活动对人们的思想、价值观、行为方式均有着潜移默化的功用。在乡村广泛开展体育活动,能够引领乡村地区居民崇尚科学、抵制迷信、移风易俗,树立正确的生活观,革除陋习,推进乡村建设,倡导健康文明的村落社区新风,使乡村洋溢祥和文明的新风尚。而且,乡村体育活动的广泛开展,本身就是乡村新风尚的一种体现。乡村体育恰似乡村文化绽放的一朵朵奇葩,绽放出乡村欣欣向荣的景象,彰显了乡村健康文明的新风尚。

(三)以生态文明为契机的乡村户外体育旅游文化发展途径

1.加快乡村体育的发展

第一,促进乡村地区居民增收,提高乡村地区居民的物质文化生活水平。乡村经济条件的好坏,是影响乡村体育发展的一个至关重要的因素。要想实现乡村体育的繁荣发展,必须具备良好的经济条件。乡村地区居民只有在生存问题得到保障的条件下,才有可能产生对更高层次文化娱乐的需求。因此,促进乡村地区居民增收以及提高乡村地区居民的物质生活水平,是乡村体育发展首先要解决的问题。

第二,利用现代大众媒体的传播作用,宣传体育文化。现代大众媒体的普及为体育运动的宣传提供了良好的媒介,特别是在乡村广为普及的电视等,在宣传和引导乡村地区居民对体育功能、价值的认识和理解,宣传和推广乡村具有特色的民间体育项目,普及健身、娱乐的体育运动项目,交流和推广乡村体育示范村的经验等方面具有重要的意义。应着重宣传体育"增强体质、促进健康"的功能,增加乡村地区居民对体育的兴趣。由于受经济收入、文化教育等限制,乡村地区居民尚不能正确认识体育的娱乐、社交、健身等诸多功能,但追求健康是城乡居民的共同愿望。因此,县、乡镇体育管理部门应抓住乡村地区居民追求健康的心理,着重宣传体育促进健康、提高体质的功能,增加乡村地区居民对体育的兴趣。

第三,利用传统节日宣传体育活动,着重开展民俗体育活动。中国的传统节日形式多样、内容丰富,节日期间,人们休闲集聚,举行各种各样的活动以庆祝节日。传统节日正处于乡村的农闲时期,乡村地区居民有充分的时间准备各种各样的庆祝活动。特别是一些民俗体育活动,本就是欢庆活动中一个重要的组成部分,为节日增添了气氛。这些节日,不仅是开展体育活动的最好时机,也是宣传体育活动的最佳时机。积极组织乡村体育比赛,根据当地人口、地域特征、文化传统,有针对性地选择一些运动项目,尤其是集体项目,组织小型的"乡村地区居民运动会",这些比赛可以是村与村的比赛,也可以是镇与镇的比赛。通过比赛的组织、管理、宣传等工作,可以增加乡村地区居民对体育的认识和兴趣,调动乡村地区居民参加体育活动的积极性,同时也能丰富乡村地区居民的文化生活。

第四,树立乡村体育先进典型,发挥带头作用。先进典型可以提供可借鉴的经验,可以激励后进者奋起直追。体育先进典型可以先从经济较富裕地方和有体育传统习惯的乡镇抓起。另外,除国家组织开展的先进体育乡镇的评比外,省、市、县、乡镇各级也应开展体育先进评比和表彰活动,把优秀典型推向全县、全市、全省甚至全国。以典型带动、促进一般,把乡村体育提高到一个新的发展水平。

2. 加强乡村体育场地设施的建设和管理

加强宏观调控,统一规划,合理布局,根据当地经济社会发展现状、体育场地建设现状、体育事业发展目标和当地的体育特色,对体育场地的建设进行统筹规划,合理调配城乡体育经费和资源,加大对乡村体育的投入。各级政府要加大对建设乡村体育设施的支持力度,把体育设施建设统一纳入到新农村建设规划中去,使新兴的体育设施建设与新农村总体建设相配套。

第一,体育场地建设资金投入多元化。面向乡村居民提供公共产品或服务的体育公益性事业,应以政府投入为主,同时建立由政府、社会、集体、个人等多方投入的多元化投资体制和开放型运作的新格局。对于小型的群众性体育场地设施建设,采用"国家拨一点、集体出一点、社会集一点"的"三个一点"办法,克服国家的投入不足。

第二,开发体育场地功能。在保证学校教学秩序和体育工作计划实现的前提下,学校体育场地资源可以进一步向村民开放,做到资源共享,以满足乡村地区居民对体育的需求,使体育场地设施发挥更大的社会效益和经济效益。另外,政府行政部门也可以通过给予政策性补贴和法律支持,鼓励和支持学校向村民开放场地。

3. 发展乡村学校体育教育

第一,加大对乡村体育教育的投入。建立健全多元化的基础教育办学模式,多渠道筹集教育基金,不断改善乡村体育教育的条件。积极改革教育体系,最终形成城乡统一的教育体制,更好保障乡村地区居民子女有平等接受体育教育的权利。

第二,提高乡村体育师资力量。进入21世纪后,我国有数百万乡村民办教师经过培训和资格认定重新上岗,乡村师资水平有了较大提高。但是乡村学校的体育师资不足、待遇低下的现状仍没有受到足够的重视。因此,加强乡村体育教师的师资队伍建设,提高乡村体育教师的待遇,仍是乡村学校体育发展的一个主要举措。

第三,加大学校体育的管理力度。学校要高度重视体育工作,按照教育和体育部门制定的标准,加强乡村中小学体育场地和设施建设,保证经费投入,配备足够的能够胜任的专兼职体育教师,保证体育课堂教学、课外活动和体育竞赛的数量和质量。同时还要保证学校体育场地设施的供给。随着科教兴国战略的实施,乡村学校,特别是贫困地区学校的办学条件也有了较大的改善,软硬件建设发生了根本的变化。但是和城市相比,乡村学校的体育场地设施条件仍存在着较大的差距,难以很好满足体育教育活动的需要和课外学生体育兴趣小组的开展。因此,加强乡村学校体育场地设施建设,保证学校体育场地设施的供给,是推动乡村学校体育发展的前提条件。除开设常见的田径、球类等课程外,还可以结合当地乡村的特点开设一些具有地方特色的项目,充分挖掘和利用民间体育资源,丰富体育教学,继承和发扬民族传统体育。

4.完善乡村体育管理工作

第一,强化乡镇政府的管理职能,加强对乡村体育组织的管理。乡镇政府是乡村体育管理的直接部门,乡镇政府应把体育事业纳入乡镇经济和社会发展总体规划;成立体育工作领导小组,加强体育服务意识,配备专职干部;提供一定的体育事业经费和基本建设经费,改善体育场地设施条件。县级体育部门对乡镇具有业务指导职责,应充分发挥督促作用,定期举办体育法规和体育知识培训班,定期对体育专干进行培训,培训乡村社会体育指导员,形成体育活动和比赛制度;经常举办以乡镇为参赛单位的体育比赛和体育活动,协调和组织乡镇之间、乡镇与企事业单位之间的体育比赛。

第二,加快建立和完善乡村体育组织网络。乡村体育的开展要充分发挥乡村地区居民体协、文化中心、文化站、青年之家、街道、村的体育组织机构、体育爱好者协会等社会体育组织的作用,建立健全乡村体育组织网络。有条件的县可以建立社会体育指导中心,乡镇可以建立体育指导站,村可以建立和发展体育健身点。体育指导站、体育健身点应根据当地条件安排场地、设施,制定工作计划,并配备专兼职工作人员,安排一定的活动经费。

第二节 生态文明背景下乡村户外体育旅游产业发展

一、生态文明背景下乡村户外体育旅游产业的现状与分析

(一)我国体育旅游产业的发展

1.体育旅游产业的定义

体育旅游产业是指生产体育物质产品和精神产品,以及提供体育旅游服务的各行业。随着社会生产力的提高和科学技术的发展,体育旅游产业作为第三

产业中的"朝阳产业",从其发展规模和结构来看,能够成为我国国民经济的新的增长点,在国民经济中占据重要地位,成为国民经济的支柱产业。

体育旅游产品既包括有形的体育旅游用品,也包括无形的体育旅游服务。体育旅游主体不仅包括市场企业,也包括各种从事经营性和非经营性活动的其他各种主体,如事业单位、社会团体乃至个人。

2. 我国体育旅游产业的发展

我国体育旅游产业虽然起步较晚,但发展很快,具体表现为体育旅游产业的领域不断拓展,其发展规模也不断扩大,体育旅游产业的质量有所改善,体育旅游产业的效益明显增高。体育旅游产业的整体规模和其他产业相比较虽然不是很大,但是在社会主义市场经济发展中,已经构成了一个独具特色的产业门类。随着经济发展以及传统体育项目向现代竞技运动的演变,体育的经济功能日趋显现。从世界范围看,体育已成为现代社会蕴藏巨大商机的新兴产业。在西方发达国家,体育旅游产业在经济中的比重已经超过石化工业、汽车业,在经济行业中占有越来越重要的地位。而发展体育旅游产业所带来的国民素质的提高和民族凝聚力的增强是无法用金钱衡量的。因此在新世纪发展具有中国特色的体育旅游产业是时代发展的必然。目前,《体育强国建设纲要》所规定的近期目标已基本上实现,具体体现在以下几个方面。

第一,体育市场已初具规模。按照市场经济的理论,市场是连接生产、流通、分配和消费的中心环节。体育旅游产业的发展要以体育市场的发展为前提。在很大程度上,体育市场的发展与繁荣决定了体育旅游产业的发展与繁荣。一个完善的市场体系,应当是门类齐全、层次有序、结构合理的组织体系。随着市场经济的发展,体育改革的不断深入,体育社会化、产业化程度不断提高。目前,体育产业基本框架已趋清晰,基本包括竞赛表演市场、健身娱乐市场、技术培训与咨询市场、体育无形资产市场、体育旅游市场。首先,广大群众消费观念的更新和消费水平的提高奠定了竞赛市场的基础,同时,我国竞赛制度的改革——主客场赛制和俱乐部的实行推动了竞赛表演市场的发展,并形成了相当规模、相当稳定的观众和球迷群体,竞赛表演市场也在逐步扩大。其次,健身娱乐市场是体育市场的主要组成部分之一,是体育市场的主体市场,是广大人民群众参与的消费市场。健身娱乐市场是随着国民经济实力和人民消费水平的提高而发展起来的。随着收入的增加,人民群众的生活质量明显改善,消费结构也发生了很大的变化,城镇居民消费结构中的恩格尔系数也由1978年的57.4%下降到2019年的28.2%。人民群众消费水平的提高为体育健身娱乐消费市场的发展创造了良好的条件,人们多层次、多项类、多形式的需求,也为健身娱乐市场提供了广阔发展空间。最后,目前体育彩票已经发展成为体育旅游产业的支柱之一。政府批准的彩票有两种,一个是体育彩票,一个是福利彩票。国家体育总局按照有关规定,严格执行国家的政策,使体育彩票以健康有序的方式发展。彩票市场越来越大,其公益金全部用于全民健身计划和奥运争光计划的开支。

第二,体育旅游产业领域的开发。在开发产业领域方面,体育旅游产业的开发可从两方面进行,一是有形资产的经营,二是无形资产的开发。在当前体育系统中,经营形式有三种:一种是出租形式,一种是内部经营,另一种是对外投资。在改革开放初期经营形式以出租、出借为主,因为这种形式操作比较简便,经营收益也比较直接,但是容易产生急功近利的弊病,造成国有资产流失。随着市场经济的发展和国家政策法规的健全和完善,目前,经营的形式大都是合资和股份制的,从立项到可行性分析,从评估到签订协议都比较规范。体育无形资产指不具备实物形式但能为体育部门和体育组织使用,具有使用价值并带来经济效益的无形资产和资源。

随着国民经济的高速发展和人民群众生活水平的提高,社会体育消费需求迅速扩张。许多健身娱乐性很强,受大众喜欢的体育项目成为社会投资的热点。近几年来,一大批不同所有制、不同规模的体育经营企业迅速崛起。很多的中小型企业把投资的热点放在了群众参与性的消费市场上,如健身健美、保龄球、台球、网球、羽毛球、乒乓球、武术、游泳等项目。特别是东南沿海经济发达地区,中小型体育经营企业如雨后春笋般兴起。近几年体育市场已经确立和形成了保证体育旅游产业发展的多渠道、多层次、多形式的产业化筹资机制。社会主义市场经济体制的特点是使市场在国家宏观调控下,对资源的配置发挥基础性作用,在资源的配置方式上,政府主要起宏观调控作用。体育旅游产业和市场不断发展,体育经费也逐渐从市场获取。从这几年的实际情况看,经费的市场配置量越来越大,具体表现在经营收入、事业收入、其他收入、投资收入每年都在以较大幅度增长。

我国的体育旅游产业在多年迅速发展的过程中,积累了不少的经验。然而,由于历史的原因,我国的体育旅游产业起步较晚,发展也极不平衡,与西方发达国家还存在着相当大的差距,这种差距不仅制约我国体育旅游产业的发展,也制约着我国经济的整体发展。

体育旅游产业的核心是体育竞技赛事和健身娱乐项目,围绕体育项目核心的产业是体育服务产业,包括赛事运营、体育营销、体育经纪、体育版权、体育彩票、场馆运营、体育娱乐等。同时还有基于体育旅游产业衍生出的体育用品、体育器械、体育地产、体育旅游等产业。世界体育旅游产业巨头来自体育营销、体育媒体、体育经纪等各个体育服务领域,本书认为,中国体育服务产业的健全发展将给国内传媒行业带来新的发展机遇。

3. 我国体育旅游产业存在的问题

虽然我国体育旅游产业发展很快,也形成了一定规模,而且前景光明广阔。但是,就全国总体而言,产业规模还不是很大,发展还不平衡,结构也不够合理,体育旅游产业的管理体制和运行机制不够完善,体育旅游产业政策和法规建设也不适应产业的发展。目前还处于长期发展目标的初级阶段,体育旅游产业化还需要一个相当长的时期,对此,我们要有一个清醒的认识。

第一,发展很不平衡。首先是地域间的不平衡。由于受经济发展水平的制约,各地区的产业发展规模和水平有很大差距。经济发达的东南沿海省市,体育产业发展迅猛而且达到一定的质量,西部地区发展则比较滞后,个别地区的绝对差距甚至在扩大。应该指出的是,出现这种状况原因是多方面的,既有客观环境和资源方面的原因,也有主观意识和工作力度方面的原因。

第二,产业结构不完善。当前乃至今后相当长的一段时期内,体育的支柱性本体产业应该定位于竞赛表演业、健身娱乐业和无形资产开发经营业。三大支柱性本体产业的定位主要是三大产业的巨大市场潜力决定的。但是三大支柱性本体产业规模有限,而且其市场运作也不够十分规范。另外体育旅游产业结构的缺陷还表现在仍有缺位的本体产业市场,产业质量有待进一步提高,其主要问题有体育企业规模普遍偏小,发展缺少可持续性活力,市场竞争力不强。一些已经建立的规模较大、数量很少的体育产业公司实现了资产重组,扩充了资本,但包装上市后如果不抓住、抓好生产和经营这个企业赖以生存的支撑环节并切实降低成本提高利润,则将会遭受很大的风险。

第三,缺乏稳定的优惠扶持政策。在拉动国民经济增长的消费、投资、出口三大因素中,消费需求是主要因素,是拉动经济增长的主要动力。体育消费属第三产业范围内的消费,增加体育消费就会加速第三产业的发展。这对优化国民经济结构,改善经济发展质量,有重要的社会意义和经济意义。但是,如何增加体育消费,运用什么政策手段鼓励社会兴办体育旅游产业和引导、扩大体育消费依然不够明晰。建议政府和有关部门制定更加完善的扶持体育旅游产业发展,培育体育市场的相关政策,如鼓励社会和个体兴办体育旅游产业的投资政策,相应的低息贷款或贷款贴息政策,减免税收或税款返还政策,允许体育部门或单项运动协会建立产业发展基金的政策。

第四,市场管理尚不完善。目前关于体育旅游市场的管理尚缺乏高层次立法,虽然一些省、市、区和省会城市均发布了地方性体育旅游市场管理法规或政府规章,但管理中的一些重大问题,仍需要通过高层次立法予以明确,如管理权限的明确划分,执法程序的完善和统一,法律责任的界定等。在体育旅游市场管理的实际中,部分体育经营项目存在着权限交叉,也就是说有的部门在越位管理,同时存在不同的地区由不同的部门进行管理,甚至同一地区由不同的部门同时管理的情况。而管理不到位的情况主要是指一些新兴的体育经营项目尚未得到有效的规范管理,甚至没有人管理,使消费者的权益受到损害。因此,全国范围内对体育旅游市场管理高层次立法的期望较高。还有一个问题是尚未建立行业管理普遍标准。因此,当务之急是进一步实现体育旅游市场管理科学化、规范化、效益化,建立行业服务标准。

4. 我国体育旅游产业发展的趋势和展望

从世界各国体育旅游产业发展的成功经验来看,体育旅游产业在经济发展到一定程度就可能成为该国经济发展的一个支柱性产业。由于体育旅游产业属劳动密集型产业,它不仅能为社会创造大量的就业机会,还对促进相关行业的发展起着重要的作用,同时它还具有一定的社会效应。我们认为从以下几个方面分析来看,中国体育旅游产业发展的前景极为广阔。

第一,产业政策的调整提供了良好的机遇。由于中国正处于产业结构调整过程中,从三种产业的结构来看,第一产业的比重将持续下降,第二产业的比重将有一定程度的提高,第三产业的比重最终要超过第二产业。第三产业将成为我国最具发展潜力的产业。而体育旅游产业中的本体产业是第三产业的一个重要组成部分。从产业结构和政策的角度来看,体育旅游产业不像某些产业会受到产业发展方向的限制,也不会受到日益关注人类健康问题的环境组织和消费者组织的责难。体育旅游产业只会随着人们健身意识的增强和社会文明的进步而日益受到人们的欢迎。随着中国"奥运争光计划"和"全民健身计划"的启动和具体实施,体育旅游产业作为两个计划的重要组成部分,将得到进一步的发展,使各运动项目的发展逐步朝社会化、产业化的方向发展。

第二,收入的提高为体育旅游产业的发展奠定了坚实的基础。中国国家统计局公布的数据显示,2020年全国居民人均可支配收入为32 189元,比上年增长4.7%,扣除价格因素,实际增长2.1%。自2014年一季度公布城乡一体化住户调查结果以来,全国居民人均可支配收入增速已连续两年"跑赢"GDP。2020年全国城镇居民人均可支配收入为43 834元,比上年增长3.5%,扣除价格因素,实际增长1.2%;农村居民人均可支配收入为17 131元,比上年增长6.9%,扣除价格因素,实际增长3.8%。城乡居民人均可支配收入比值为2.56,比上年缩小0.08。人均收入的变化将引起消费支出模式的变化,即当家庭收入增加时,用于购买食物的支出相对减少,用于衣服、住房、燃料等方面的支出变动不大,而用于教育、卫生、娱乐、健身等方面的支出则显著增加。另外,由于我国家庭小型化,家庭劳务随科学技术的发展呈不断减少的趋势,再加上社会服务化水平的提高和五天工作制给人们带来了更多的闲暇,这也刺激了人们对体育健身的需求,这两方面的共同作用无疑将扩大体育用品市场的规模,为体育旅游产业的发展奠定坚实的基础。

第三,中国体育市场具有巨大的社会需求。市场需求主要是由具有一定购买力和购买欲望的消费者决定的。随着中国经济的持续增长,人们购买力和购买欲望增强,体育旅游产业将极具发展潜力。

第四,体育旅游产业向社会化、多元化发展。随着我国加入世界贸易组织,国家宏观经济形势逐渐好转,这加速了国内产业结构的调整。产业结构的变化和资源配置的趋向合理将带来经济的增长,从而对体育旅游产业形成一定的支撑和拉动。国家发展第三产业的政策导向将为体育旅游产业的发展提供优惠的政策保障;而国际服务贸易市场的不断增长,则为体育旅游产业提供了良好的市场环境,增强了体育旅游产业对社会资金的吸引力,将社会上的大量资金引入。体育旅游产业投资渠道的多元化,意味着体育企业将从主要由国家投资、产权结构一元化朝着非国有化和产权结构的多元化发展,体育旅游产业将打破行业壁垒,开始更高的社会化发展。

第五,健身、休闲、娱乐业的蓬勃发展。随着经济增长和人们生活水平的提高,日益兴起的大众健身体育和休闲娱乐体育也将使体育旅游产业获得更大的发展。因为无论从深度还是广度来看,大众体育都比竞技体育涉及更多的人群和地域。在我国,体育健身娱乐市场是从 20 世纪 80 年代初开始出现的,经过缓慢发展的时期,到 20 世纪 90 年代初,由于改革开放的深入和对外开放的扩大,来华外商的增加,以及生活水平的提高及一部分人先富起来的原因,人们对健身、娱乐、休闲等项目服务的需求迅速上升。特别是随着我国医疗制度改革的深入,人们更加意识到有一个健康身体的重要性,"花钱买健康"已逐步为大多数人认识并接受。我国的体育健身与休闲娱乐正在形成一个前所未有的新格局,这个新格局是围绕着全民健身计划构建的。全民健身计划以全体国民为实施对象,因此必将会使体育旅游产业得到前所未有的大发展,而且会带动和促进其他产业和部门乃至整个国民经济的发展,从而进一步实现产业结构的优化。

第六,体育旅游产业向全球化发展。20 世纪 90 年代以来,世界经济领域出现的新特点、新趋势中最为突出的一点便是世界经济一体化和全球化。今天,各种国际贸易、金融、货币组织对世界经济的影响力已越来越大,对外贸易在各国国民经济中所占的比例也越来越高,全球跨国公司已发展到了几十万家并对全球经济发展和产业布局等产生着前所未有的影响。作为世界经济和全球产业体系一部分的体育旅游产业,近几年来全球化趋势也在加快,体育旅游贸易在全球国际贸易中的比例逐年上升。随着奥林匹克运动会的逐渐商业化和职业化以及亚洲、东欧和非洲等地区的体育旅游产业市场的兴起,这种全球化趋势还将得到加速。

(二)生态文明背景下乡村体育旅游产业的内涵

我国是一个发展中的农业大国,有约35%的人口生活在乡村,乡村的进步、发展、繁荣和稳定,关系到社会主义现代化建设的兴衰成败。对此,党和国家把发展农业、建设乡村、改善乡村地区居民生活作为大事来抓。在国家建设社会主义新农村的大背景下,作为精神文明重要组成部分的乡村体育旅游,理应成为社会主义新农村建设的重要内容。它的发展对改善乡村精神面貌、抵制愚昧落后文化、繁荣乡村经济、建设文明和谐的社会主义新农村具有十分重要的作用。

近年来,我国乡村体育工作取得了一些进步与发展,但距离社会主义新农村体育旅游工作的要求还有差距。贯彻落实科学发展观,探索乡村体育旅游的实践和规律,加快乡村体育旅游事业发展的步伐,积极构建社会主义新农村体育的发展模式,既是理论开拓的过程,也是实践创新的过程,更是一项现实而有意义的工作。

第一,乡村体育旅游具有丰富的资源和潜力等待开发,要使体育旅游成为乡村经济的增长点,应积极研究乡村体育旅游消费市场的特点和规律,利用以"体"会友、以"体"会商的形式;大力开发融体育、健身、娱乐、地方民族文化于一体的旅游景点,充分利用旅游交流平台,加强体育与其他行业的紧密联系。坚持"以农为本"的体育带动乡村体育旅游产业发展的模式,促进当地政治、经济、文化的全面发展,是引领社会主义新农村特色体育发展的必由之路。

第二,乡村体育旅游产业可以采用促进城乡体育资源整合的发展模式,加强城乡联系,以城带乡。乡村体育旅游要想取得突破和发展,应打破城乡界限,加强城乡联系,以城带乡,积极促进以现代工业文明为特征的城市体育旅游与乡村传统乡土文明为特征的乡村体育旅游在竞争、借鉴中进行交流、互补与融合,并最终实现体育旅游资源整合,达到互相促进、互相带动、共同提高的发展目的,形成城乡体育旅游文化特色。

第三,体育旅游不只是强身健体,更具有促进素质教育、文化繁荣、经济发展、民生改善、民族团结等多元功能。充分挖掘体育旅游的综合价值,成为新时期体育旅游工作的发力点。借助2022年冬奥会"带动3亿人参与冰雪运动"的契机,河北、北京、黑龙江等地正加大力度,激活冰雪经济的蓝海。

第四,国以民为本,民以体为基。健康的身心决定着幸福指数。目前我国乡村居民收入稳步增长,接下来就要追求更多精神层次上的享受,体育旅游是生活休闲最好的方式之一。

第五,当今世界,体育旅游产业的发展明显加快,已经成为国民经济新的增长点。作为第三产业的组成部分,加快体育旅游产业的发展是完善社会主义市场经济体制的需要,符合我国经济结构战略性调整的要求,对于扩大内需、拉动经济增长,实现现代化建设发展目标,有着明显推动作用。

(三)乡村体育旅游的生态环境分析

1. 体育旅游的生态环境

体育旅游生态环境的核心观点是将体育旅游生态系统看作是一个生态主体,就跟自然界里的有机体一样。现在是体育旅游生态系统发展面临着危机,以及出现各种各样的体育旅游生态问题的时代,对体育旅游生态系统中的参与者,包括指导者以及关心体育事业发展的人来讲,体育旅游生态意识的树立和强化越来越重要。体育活动的主体是人,体育旅游事业的发展与社会的发展以及人类的进步有着直接的关系。体育旅游的生态环境与体育的发展密切相关,两者是协同进化的关系。体育旅游的生态环境指的是一种多元环境系统和多维空间,其中心是体育旅游,并且制约和调控体育旅游的产生及发展。

第一,体育旅游的自然环境。体育旅游的自然环境指的是各方之间的关系,包括自然环境、人以及体育之间的关系。人类的任何活动都是在自然环境中进行的,体育旅游也不例外。人与自然的一个媒介就是体育,要促进体育运动水平的提高,就必须要改善自然环境,进而使人的健康水平有所提高,实现一种人、体育与自然的生态平衡的状态。我国的乡村面积辽阔,地理资源极其丰富,人口居住密度小,自然环境优越,非常适宜开发体育旅游资源。

第二,体育旅游的社会环境。社会环境在很多方面都会对体育旅游有着很大的影响。尤其是政治制度,它是体育旅游的决定性因素,因为政治制度中包含着体育制度。政治制度在很大程度上制约和影响着体育旅游的目标以及发展,这对体育旅游的前途和命运的影响是决定性的。政治制度决定着体育决策,这种决定作用主要表现为国家政策以及国家制度监督、引导着体育的发展,包括对体育旅游在法律方面的控制等。体育旅游的发展离不开政治的影响,对于体育旅游生态平衡来说,良好的政治环境是非常重要的。政府部门已经高度重视体育旅游的经济效益,它对城市经济的发展起到了很大的促进和带动作用。目前,我国将体育旅游作为民生工程,向广大乡村和老少边穷地区倾斜。

第三,体育旅游的规范环境。体育旅游的规范环境是在社会生活过程中,人类形成的价值观、态度以及风气等。规范环境是人类社会所独有的,是在社会实践过程中以及长期的社会生活中形成的,它是人们通过与别人的交流与联系形成的一种价值观。体育旅游生态的规范环境主要就是体育旅游文化,体育旅游文化包括了体育旅游本身,同时文化环境中很多生态因素也影响着体育旅游文化的发展。体育旅游还对传播、发扬与创造旅游文化具有非常重要的意义。

2. 体育旅游产业对乡村生态环境的影响

乡村绿化系统建设是乡村生态环境建设的核心。体育旅游对现代乡村生态环境具有很好的促进作用,具体表现为以下两个方面。

一方面,体育旅游能够积极推动城市园林化的实现。因为体育旅游通常都是户外活动,人们进行体育旅游的根本载体就是和谐的自然环境。只有在这样的环境里人们的身心健康才能得到保证,才能真正享受体育旅游给人们带来的快乐、健康。体育旅游促使人们改变传统的观念,以绿色环保的意识去认识、了解、参与体育,使人们更加健康、充满激情,提高工作效益。所以,环境的美化、净化以及绿化已经引起了现代城市管理者的高度重视,进而推动了生态园林式城市的建设。

另一方面,体育旅游产业能对人文环境产生影响。人文环境作为行为结果,包括物质的和精神的两种环境方面的人文状态。首先,物质的人文状态包括文物古迹、山川园林、建筑群落、站台、绿地、公园、场馆、器具、设施、店铺、街巷等。这种人文状态无一不是人们当初在创造的时候就把某种人文精神及其结构形式渗透于其中,使之成为人们喜欢的空间。其次,精神的人文状态包括风俗、语言、学术、艺术、时尚、绘画、戏曲、传播、广告、教育等诸如此类的精神现象,它表现了居民的生活方式与人文特点。体育比赛所带来的职业比赛态度,职业体育意识,参与精神、友谊、团结和公平竞争的精神,不断进取、永不满足的奋斗精神和不畏艰险、敢攀高峰的拼搏精神等将会促使居民在精神境界上得到升华。体育包含的敢于竞争、不怕困难、不断前进、探索求新的精神,是促进人类社会前进的好的精神、好的品格的集中体现,对各行各业都是一种激励。奥林匹克运动会"更快、更高、更强——更团结"的口号便是这种精神的最好诠释。

(四)生态文明背景下乡村体育旅游产业的发展方向

1. 依托资本市场发展壮大

体育旅游产业是基础产业中的"低碳经济",是最有成长力的产业。它是低碳环保产业的一种,是一种相对无污染并且环保的产业。我国体育旅游产业有着巨大的潜在市场,并且已经是一种产业资本垂涎的露天金矿,其基本市场每年达2万亿元人民币,对商业赛事经纪商、全球体育旅游产业巨头以及体育用品公司有着巨大的吸引力。随着我国大型国际赛事的开展、"探索发展竞猜型体育彩票和大型国际赛事即开型彩票"在海南国际旅游岛的落实,以及篮球"竞彩"游戏的推广等,体育旅游产业逐渐突破了政策方面的限制,加快了创新进程。我们预期,体育产业在不可阻挡地趋向于国际化和市场化,我国蓬勃发展的体育旅游产业有利于促进市场机制的变革。

发展体育旅游产业的最佳路径就是在资本市场的基础上发展壮大。很多体育旅游产业运营机构在国际成熟市场都上市了,品牌价值的提升以及战略资本筹集的实现大多是通过上市融资来实现的。为了完善投融资体系以及加大财税支持,在资本市场融资方面促进体育事业的发展,就必须要建立有效合理的利益分配机制,以及完善体育旅游产业方面的资源输出渠道,等等。此外,体育旅游产业有很强的关联带动功能,能够很好地促进商业以及旅游业的发展,还能促进服务业、金融业、传媒业、信息业、通信业以及交通物流业等行业的发展。

2.积极发展体育旅游产业两个核心

两大体育旅游产业的核心就是体育健身娱乐以及体育赛事表演。在带动相关产业方面,两者都有着很强的能力,两者之间还有相互联动的机制。发展体育旅游事业从整体效应来看,在一定程度上会有相当的规模优势。体育旅游产业发展的保障和源泉就是体育事业,体育事业的资源与人才以及结构与规模等都对体育旅游产业发展的方向和程度有着直接的影响。对于相关产业的联动效应来说,在整个体育旅游产业中,最为深刻和宽广的就是体育赛事的举办。围绕体育赛事,很多产业都能有一定程度的产业增值,包括场馆、交通、通信、金融、传媒、旅游、培训、教育、环保以及机械制造等,有利于体育赛事的产业集群的建立。

3.休闲娱乐化是体育旅游产业的发展趋势

当体育旅游成为居民的固定消费方式,或者是一种生活方式的时候,随着奥运会的带动以及全民健身运动的普及,选择体育旅游有越来越多不同的方式。体育旅游事业的壮大与人们日常生活有着非常密切的关系,让体育旅游更好地融入人们的生活中,成为一种良好的消费方式,有助于人们认识和了解体育旅游。从国际经验来判断,我国的体育旅游产业正处于蓬勃发展的阶段。我国体育旅游产业发展的方向更多是娱乐化和休闲化。休闲体育旅游的发展,能够使得全民健身运动更快地发展,将我国建设成为体育强国,有利于民富国强的实现。

总而言之,我国体育旅游产业发展目前面临着难得的机遇和发展时机。"低碳经济"以及"朝阳产业"等基础性产业中最具成长力的就是体育旅游产业。中国体育旅游产业未来会朝着休闲娱乐化的方向发展。体育旅游产业在现实社会背景下要发展,必须要能够把握机遇和正视困难,让体育旅游产业朝着正确的发展方向发展。只有这样我国体育旅游产业才能有更广阔的发展前景。

二、生态文明背景下乡村户外体育旅游产业研究

(一) 乡村体育旅游的发展与研究

1. 体育旅游研究概况

体育旅游是我国大力发展第三产业的一个重要突破口,也是当前理论界和实务界探讨的一个热点领域。体育旅游是体育与旅游交叉融合而产生出来的具有旅游和体育特点的新型产业。在一些发达国家,体育旅游所创造的价值占旅游总收入的25%。体育旅游产业产值在美国各产业产值中排名第六,体育旅游消费在美国旅游产业中排名第一。相比之下,我国体育旅游整体上约占旅游业年产值的5%,与国外旅游发达国家存在较大的差距。当前,体育旅游作为新的经济增长点逐渐受到各级政府的高度重视。因此,根据我国体育旅游的发展现状提出适合我国未来体育旅游发展的策略具有重要的指导意义。

体育旅游是体育产业和旅游产业交叉渗透产生的一个新的领域,它不同于一般的观光旅游,也不同于单一的体育健身活动,是二者的有机结合。其是体育产业与旅游产业融合发展的产物,既有产业特征,也有拉动关联产业发展潜力的作用,又有集体育竞技与旅游休闲观光于一体的特性。在业界,旅行社重视海外大型体育赛事观战市场的开拓,户外运动(旅游)俱乐部则注重本土区域性市场的开拓。近年中国国际体育旅游公司等也组织了一些大型的国际体育赛事。国家体育总局和原国家旅游局都先后推广体育旅游,致力将体育活动由精英运动向大众活动的方向转变。国家体育总局体育信息中心致力于推广国内外体育旅游成功的案例研究,同时,不少民众将目光投向了奥运旅游。

体育旅游是一个新兴业态,是伴随国民生活水平日益提高而产生的一个新产业。目前,体育旅游在我国还处于起步阶段,发展基础较为薄弱,国家文化和旅游部应鼓励和支持旅游景区、旅游度假区、乡村旅游区等根据自身特点,建设特色健身休闲设施,融入山地户外运动、水上运动、汽摩运动、航空运动等各类体育运动元素,发展体育旅游项目。

健身休闲产业是以体育运动为载体、以参与体验为主要形式、以促进身心健康为目的,向大众提供相关产品和服务的一系列经济活动,涵盖健身休闲相关服务、健身休闲设施建设、健身休闲器材装备制造等产业门类,与旅游、健康、养老等生活性服务业具有较强的关联性,经济带动作用明显,发展潜力巨大。健身休闲产业是社会公众参与体育最直接的领域,是体育旅游产业的核心和基础,是体育全面发展的重要动力。

近年来,随着我国经济社会的发展和人民生活水平的提高,体育旅游产业快

速发展。其中以满足城乡居民体育消费为主导的健身休闲产业表现尤为突出,可谓亮点纷呈。滑雪、登山、马拉松、骑行等项目蓬勃兴起,特别是在中西部的一些地区,健身休闲产业已经成为引领地方经济社会发展的重要力量。当前我国已经全面建成小康社会,人民群众消费需求进一步从温饱向更高的生活品质转变,从实物型向参与型、服务型转变,健康投资的观念日益深入人心,人民群众多样化的健身休闲需求日益增长。

但是,我国健身休闲产业发展仍然比较滞后,规模不大、质量不高、产需对接不畅、有效供给不足,还存在着一些体制机制障碍,亟待加快发展。面对经济新常态、社会发展新形势,制定出台反映公众消费意愿、符合当前实际、适应发展需要、发力更为精准的政策文件,进一步破解体制机制障碍,加快健身休闲产业发展,切实提升全民健康水平和幸福指数,显得尤为紧迫和必要。

2. 我国体育旅游发展现状

从旅游发达的国家看,体育旅游的兴盛是体育产业和旅游产业发展到一定程度时才出现的。在一段时间里,我国体育部门将工作的重点放在发展竞技体育方面,而对大众体育的发展关注不足。政府相关部门也意识到这一问题,开始大力推行"全民健身计划"。

近几年来,全民健身活动的推广使我国体育旅游产业明显呈快速扩展之势。从 2015 年开始,受居民收入增长、消费结构升级和国家政策利好等诸多因素影响,体育消费回暖势头初现,在消费中占比增至 0.40%。同期,人均 GDP 比 2000 年增长了 5.2 倍。按照国际通行标准,当人均 GDP 达到 5 000 美元,体育旅游产业会呈现"井喷"态势,目前中国人均 GDP 已到 1 万余美元的水平,但人均体育消费只相当于全球平均水平的十分之一,随着消费从生存型向发展型转变,未来体育消费潜力将更大程度释放。

体育产业和旅游产业的良性增长推动了我国体育旅游的发展,从 20 世纪 90 年代中期开始,我国各地因地制宜,开发了多种体育旅游产品,较著名的有青藏高原登山、黄河漂流、东北滑雪、湖北赛龙舟、郑州少林武术、内蒙古看那达慕大会等。原国家旅游局将 2001 年定为"中国体育健身游"年,共推出 60 项具有地方特色的大型体育健身旅游活动和 11 大类 80 个专项体育健身旅游产品和线路,并构建了以"两湖"基地体育健身设施和活动建设为主的 20 个全民健身著名景观,让国内外游客在其中充分感受中国体育旅游产品的魅力。我国体育旅游虽然还处在起步阶段,但是正以每年 30%～40% 的增长速度快速发展。目前全国各地共设有 100 多个体育赛事或旅游节庆,同时还有 11 个体育旅游专项产品。一些地方政府也已经开始有意识地以体育旅游为载体,从当地的特色和实际资源入手,有针对性的开发体育旅游产业,以此带动地方经济的发展。如今,体育旅游作为第三产业中的重要部分,在我国东部沿海地区和西部地区遍地开花。这一方面扩大了就业,带动了地方经济发展,另一方面也提高了地方知名度。但是,体育旅游业的发展在我国仅仅是初级阶段,目前的状况反映了旅游市场中的一个发展潮流,具备巨大的市场潜力。

我国体育旅游市场体系初步形成,但结构不尽合理:体育旅游市场主体在数量上增长很快,但质量上提高较慢;大部分体育旅游市场目前仍然属于高端消费,对内开放不够;体育旅游市场梯度发育,区域差异巨大。从各类体育旅游市场的发育程度看,观光体育旅游和体育竞赛旅游市场属于成熟市场,体育度假休闲市场属于"起飞"市场,而拓展型体育旅游市场方显雏形,只能算是概念市场。

我国体育旅游市场主要具备以下几个特性:第一,参与性。旅游者可以参加一些有普遍意义的、集娱乐性和易学性于一身的体育活动项目,如登山、徒步旅游等,可以使旅游者在健身强体的同时,得到个人需求欲望的满足。第二,观光性。观看奥运会、世界杯、世锦赛等大型赛事旅游以及欣赏各类体育表演,可使旅游者感到力与美的结合,感受到运动的激情、运动的快乐,从而陶冶情操。第三,民族性。某些体育旅游项目,具有鲜明的民族特色,如武术、传统养生保健术,还有少数民族的表演节目,这些可以使旅游者感受到地方性十足的体育旅游活动。第四,技能性。对于一些技术性很强的体育旅游项目,如射箭、高尔夫球等,则需要旅游者具有一定的专业技能。只有掌握了运动技能,才能真正体味到体育旅游的乐趣。

3. 当前我国体育旅游市场发展中存在的主要问题

第一,缺乏以体育为主题的旅游项目。目前,一般在旅游中附带有一些体育活动的就叫体育旅游,其中包括参与或者观看。而真正以参与或观赏体育活动为主题的旅游则很少,专门的体育旅游公司则几乎没有。

第二,体育旅游营销活动内容不够详细。当前的营销活动,一般只局限于宣传单、宣传册、电视、报纸等媒介广告的范围之内。营销的内容应该在尽可能节省费用的前提下,详细、准确地提供消费者最关心的信息内容,如出发时间、场所、日程、价格等内容,必须准确无误地表达清楚。另外,关于消费者权益保护法规定的相关内容,最好也有明确说明,如是否购买了人身意外保险、保险金额等。

第三,缺乏专门的体育旅游人才。由于体育旅游是近几年才开发的新兴体育项目,其开发程度和深度远远不够。体育旅游专门人才不能满足当前体育旅游业的需求,而且他们缺乏丰富的体育旅游知识和体育旅游管理经验。同时,相应的体育旅游服务体系也尚未建立。当然,还存在着其他问题,比如体育旅游资源开发不够,众多的体育场馆和各类体育运动设施没有被充分利用,以及体育旅游项目单一、档次不高、服务质量参差不齐、项目的吸引力和生存能力不强等。

4. 当前我国体育旅游市场发展的优势与劣势

从国际比较的角度看,当前我国体育旅游市场发展的优势主要表现在:重大的历史机遇、有利的宏观经济环境、丰富的体育与旅游资源、不断增长的体育消费需求、旅游消费需求和劳动力的成本价格优势等方面。劣势主要表现为体育旅游市场实践主体观念滞后,现行体育旅游管理归口部门不明确,体育产业与旅游产业的结合还不够紧密,体育旅游商务人才匮乏,市场集中度低,整体上缺乏有实力的明星企业。

5. 对我国体育旅游市场发展的对策与建议

第一,尽快制定体育旅游市场行业标准。由于体育具有专业性,这就决定了体育旅游组织机构和从业人员必须是专业的。而现在国内经营体育旅游的主要是一些俱乐部和旅行社的特种旅行部,由于目前还没有针对体育旅游制定的法律、法规和政策,也缺少专业的管理机构,因而大量非专业人员进入到这个行业,难以保障体育旅游的有序进行,体育旅游处于较为混乱的状态。可以户外运动为重点,通过制订健身休闲重点运动项目目录和系列运动产业规划,大力支持具有消费引领性的健身休闲项目发展。政府相关部门应重点就加快健身休闲产业发展进行政策研究。今后,还应加强系列运动产业规划的研究工作,通过先进的产业理念来引领运动项目的发展,进一步倡导全民健身新时尚,挖掘体育消费潜力,培育多元市场主体,壮大体育社会组织,加强体育行业标准化建设,建立健全相关产业统计制度,全面提升健身休闲产业发展水平。

第二,政府应在体育旅游市场发挥重要引导作用。省(市)级政府应组织专家对本地体育旅游业的资源状况、发展状况、存在问题、发展思路、发展类型与发展对策进行系统研究,提出发展思路与规划。各地在开发项目时要依托环境,融入社会,考虑区域联合,开展多方合作,注意形成有特色的民族文化体育旅游品牌。在资金投入上要拓宽社会多元化投资渠道,争取国家投入资金和地方扶持相结合,建立政府牵头、社会参与、产业化运作机制。政府可考虑在建设用地的审批、经营税收减免等方面给予政策优惠,以政策吸引投资,以政策扶持经营,以政策促进发展。不断完善配套设施建设,做好项目的国内外宣传、组织推广以及招商活动,提高人们参与体育旅游的积极性,引导有效的体育消费。在开发经营活动中做好环境保护、经济、社会形态环境的协调发展。充分发挥财政政策的杠杆作用,投融资政策的支持作用,利用专项建设基金、产业引导资金、彩票公益金等予以必要支持,吸引社会力量参与,促进政府与社会资本合作、公建民营、政府购买等模式在健身休闲领域的应用。充分挖掘乡村地理资源,同时,加快推进体育场馆运营管理改革、职业体育改革、体育社会组织改革,壮大各级各类体育社会组织,鼓励创业创新,支持健身休闲企业发展。

第三,积极开发少数民族体育旅游资源。我国是一个多民族聚居的国家,其中西北、东北、西南地区是少数民族群众分布最为集中的区域。这些区域自然风光奇特,民族风情浓郁,人文景观众多,旅游业发展前景良好,其中少数民族在长期发展的历史中形成的传统体育项目形式奇特、内容典型、参与性强,这为体育旅游的开发创造了良好的合作空间,也为国内外游客了解我国少数民族,开展丰富健身活动提供了广阔空间。对少数民族体育旅游资源的开发,要注意从体育史角度深入挖掘整理出各民族有特色的传统体育项目,然后结合旅游活动提供给旅游者,同时要注意活动规范化。

第四,尽快加速两大产业的相互融合。旅游产业和体育产业均为近年来发展起来的新兴产业,其中旅游产业的发展还要优于体育产业。但这两大产业在发展过程中各行其道,少有真正意义上的合作。我国体育旅游业的大力发展必须依赖两大产业的相互融合,充分发挥二者对客源市场的吸引力,向客源市场提供内容丰富、功能完善的服务产品,从而推动两大产业的协同发展。应深化部门合作,研制出台针对性的政策,以健身休闲为重点,进一步与旅游、健康、养老等产业融合,丰富健身休闲产业的内容,拓展健身休闲产业门类,延伸产业链条,增加公共产品和公共服务供给,扩大有效和中高端供给,满足人民群众日益增长的多元化体育消费需求,促进服务业的整体发展。进一步完善赛事运营市场竞争机制、盘活体育场馆资源,吸引社会资本投资体育旅游产业,推动体育用品业转型升级,促进体育与旅游互动融合。

第五,不断提高体育旅游项目的吸引力。体育旅游基地的项目资源、建设质量、项目规模档次、服务内容与质量都是吸引客源的基本条件。体育旅游基地的建设、项目资源要尽量满足不同消费需求的消费者,通过不断挖掘内部潜力,提高项目与旅游基地的含金量。同时,要不断完善和加强对旅游服务的管理,提高服务设施的科技含量以及服务人员的专业水平,提升服务形象,塑造旅游品牌并打造旅游特色,加快体育旅游无形资产的开发力度。还要尽量减小旅游基地的周期性与受众面小产生的负面影响,不断降低旅游者的经济负担,切实提升旅游基地与项目的吸引力。

第六,加强专业人才培养。体育旅游作为服务业,其核心是专业服务人员的专业服务素养。从事体育经营服务的企业从设施装备到教练指导,都有极强的专业性,非专业人员很难设计出高质量的线路以及提供专业的服务。而目前在两大产业内部均存在专业人才的结构问题,体育产业内部缺乏懂得对客服务、组织活动、经营管理的人才,而旅游产业内部缺乏掌握体育专项技能、熟悉体育器材的专业人才。两大产业的融合实质上要求从业人员必须同时兼备两大领域的专业知识和技能。因此,体育旅游人才的培养就显得尤为重要。我们可借鉴国外的教育经验,在体育专业下设置体育休闲旅游方向进行人才培养,或在旅游休闲专业教育中进行体育旅游知识与技能的培养。

第七,推动体育旅游产品体系构造。作为体育旅游产品,其市场需求是综合性的,包括休闲健身游、体育赛事游、探险游、户外拓展游、养性娱情游等。体育旅游产品体系包括了两大产业的精华。经营者在开发体育旅游产品时,应充分搜索市场需求信息,全面考察体育旅游资源分布情况,会同相关的体育部门、"体育圈"景区景点以及民间组织,开发适销对路的体育旅游产品,在市场需求与资源之间架起沟通的桥梁。

第八,加快客源市场开拓。体育旅游作为一种新的旅游产品极大地刺激了人们的消费欲望。而随着生活水平的提高,大众的休闲方式、消费观念、消费方式、健康意识都发生了极大的变化,旅游消费需求也呈现多元化的趋势。人们在旅游活动中除了观看竞赛表演、自然风景外,还希望获得休闲健身、愉悦身心、享受人生、探新求异等多种体验。因此,开拓客源市场也必须把握住这些特点,通过相应产品的开发和形象设计及营销工作吸引客源、拓展市场。

总而言之,大力发展我国体育旅游产业经济,要以引导和激励大众体育旅游消费为出发点,以组建与提高"体育旅游圈""体育旅游基地"的整体质量和效益为突破口、大力增强体育旅游企业核心竞争力为中心,以建立统一、规范的体育旅游市场系统为目标,依靠深化区域产业结构改革和实施体育旅游商务人才培养战略,把拓展国内体育旅游市场与开拓国际体育旅游市场有机结合起来,走规模、结构、质量和效益协调发展的创新之路。同时要力求做到扩大市场规模与提高市场质量并重、启动国内体育旅游消费需求与拓展国际体育市场相统一。

从本质上讲,体育事业和体育旅游产业的发展都是为了践行"发展体育运动、增强人民体质"这个体育的根本宗旨,都是为了满足广大人民群众日益增长的体育需求,实现全民健康这一目标。加快发展健身休闲产业,就是要充分发挥市场机制对体育资源配置的决定性作用,调动社会力量参与体育旅游产业发展,创新健身休闲运动项目推广普及方式,激发群众参与体育活动热情,形成健康生活方式的新风尚,进一步挖掘和释放体育消费潜力,推动体育旅游产业向纵深发展,全面实现全民健身和全民健康深度融合。

(二)乡村体育旅游产业创新模式研究

体育运动是精神文化的一种体现,建设社会主义新农村必须物质文化与精神文化一起抓,两者缺一不可。没有乡村体育事业的发展,也就没有全国体育事业的全面发展;没有乡村地区居民的参与,全民健身就不能称为全民。改革开放以来,我国乡村地区摆脱了贫困,乡村地区居民逐渐过上了富裕生活,但是文化生活相对贫乏,体育旅游的观念相对滞后,部分乡村缺乏甚至没有体育活动场所和设施,乡村地区居民在享有社会资源方面处于弱势地位。保障广大乡村地区居民群众享有基本的体育服务,是政府部门需要履行的职责与义务。体育事业是社会发展的重要组成部分,乡村人口众多,积极发展乡村体育旅游对实施全民健身计划具有重大意义。而增加对乡村体育设施建设的投入,逐步增加体育设施数量,提高质量,这一基本原则也是目前建设乡村体育事业应遵循的。我们要以文化的力量推动我国体育旅游的创新和可持续快速发展,从而推动社会主义新农村建设。

实现体育旅游产业转型发展需要强大的动力支撑,创新是体育旅游产业转型发展的动力源泉。发展体育旅游产业必须充分激发各类主体的创新活力,推动体育旅游产业领域"大众创业、万众创新",探索体育旅游产业发展新模式。

1. 观念创新

要以开放包容的心态发展体育旅游产业,改变原有的"体育旅游产业＝体育旅游＋产业"的观念,逐步树立"体育旅游产业＝旅游产业＋体育"的观念,即从产业的视角,发挥市场的决定性作用来盘活和整合体育资源。鼓励旅游、文化、科技、医疗等领域骨干企业通过资产重组、定向增发等形式整合体育资源,进入体育旅游产业。鼓励国内体育用品企业积极延伸产业链,进入体育旅游业领域。引导国内企业开展海外并购,鼓励国际体育组织和著名体育公司进入中国。

2. 机制创新

体育旅游产业的经济发展要想有质的飞跃,必须实行正确的改革。由于体育经济组织内部管理相对滞后,经济效益还达不到理想状况。因此,注重创新,采用先进的科学的管理方法和手段,建立灵活高效的运转机制,大力开发人力资源,提高资源管理和使用效率,是体育经济发展有待解决的问题。尽管体育发展已取得较好成绩,但仍存在不少问题,如体育产品的种类较少、科技含量较低、层次单一,不能满足各类别、多层次及多种不同偏好的消费者的需要。应加大技术创新的力度,调整企业的产品和产业结构,争取自身的生存空间和发展空间,在体育用品的材料和功能上下功夫,提高产品的科技含量,大力发展自己的品牌。在守住国内市场的同时,去占领国际市场。

3. 科技创新

引导企业增加科技投入,研发科技含量高、具有自主知识产权的运动器材装备,扶持可穿戴运动设备和智能运动装备的发展。支持现代科技成果和信息技术向体育旅游产业领域的转移与应用,加快推进体育旅游产业在内容、形式、方式和手段等方面的创新,重点支持"互联网+体育"的创新发展。

科技的创新离不开人才,体育旅游产业创新人才的匮乏是影响体育旅游产业经济发展的主要原因,因此必须强化体育旅游产业人才创新方面的能力培养,以最快的速度培养出质量合格的高素质专业人才。体育部门可以通过联合高等院校一起进行人才培养,同时定期地对在职的相关体育经营管理者进行专业培训,有计划、分阶段地组织他们去国外体育旅游产业发达国家学习和交流,促进与发达国家体育组织的交流和合作,不断提高我国体育旅游产业经营管理人员的水平,增强体育旅游产业组织竞争力,适应多变的市场需求,实现体育旅游产业的快速发展。

4.运营创新

引导体育旅游产业各业态积极创新运营方式,充分发挥体育竞赛表演业对体育旅游业的整体带动作用。鼓励知名体育健身企业通过连锁、加盟、收购、兼并等多种途径做大做强。鼓励场馆运营管理实体通过品牌输出、管理输出、资本输出等形式实现规模化、专业化运营。推行场馆设计、建设、运营管理一体化模式,将赛事功能需要与赛后综合利用有机结合。鼓励有实力的体育用品企业以资本为纽带,实行跨地区、跨行业、跨所有制兼并重组。

体育旅游产业经济发展的规划方案,应该有所创新,根据各体育企业的实际情况,进行区别规划。在中小型体育企业的规划中,要注重管理机制的完善,产品质量的提高,主要是为满足国内对体育产品的需求。而大型体育企业的规划方案,应该朝着国际化的方向发展。因为这些企业在国际市场上具有一定的竞争能力,体育旅游产业面向世界,会大大地促进经济发展。政府应对大型体育企业实行政策扶持,如出口优惠政策条件,税收优惠政策等。具体的政策扶植主要包括以下几点:一是要尽快制定体育旅游投资法规,规范财务运作,确保体育旅游投资者的利益,如允许企业将对体育旅游的赞助费计入成本;二是要赋予著名运动员、教练员广告权;三是要规范现有体育旅游产业中的税制、税率及征收年限;四是要在政策上鼓励和支持分散的体育旅游场所实行土地置换、盘活存量,集中建设,以利于体育旅游的综合开发。

5.服务创新

推进政府向服务型转变,探索建立政府部门保障各类体育旅游活动举办的有效机制,搭建政府支持社会力量建设体育旅游的公共服务平台。加大金融对体育旅游产业发展的支持,通过政、银、企合作的模式支持体育旅游中小企业发展。鼓励国有资本与金融资本、产业资本的合作,共同建立体育旅游产业投资基金。鼓励成立各类体育旅游产业孵化平台,为体育旅游领域的大众创业、万众创新提供良好环境。

(三)乡村生态体育旅游产业的可持续发展

1. 体育是我国可持续发展战略的组成部分

首先,要认识体育可持续发展的重要性。可持续发展的定义是:"既满足当代人需要,又不损害后代人满足其需要的能力的发展。"它有三方面内涵:一是全球各国各民族的发展,二是不损害别国其他领域和未来利益的发展,三是长期持久的发展。它的评价标准体系的核心是人和社会的全面持续发展,综合评价各种与人类生存发展有关的因素。其从理论上阐明了对人力资源的投资是促进国家和地区发展的最重要的投资,也是维系可持续发展的最基本条件。

其次,体育可持续发展的内涵。一般认为,可持续发展主要包括资源和生态环境的可持续发展、经济的可持续发展、社会和人的可持续发展三个方面的基本内容。资源可持续利用和生态环境保护,是实现可持续发展的基础;经济的持续快速健康增长,是实现可持续发展的前提;人的现代素质的提高和社会的全面进步,是实现可持续发展的条件和目标。这三个方面相互影响、相互促进,共同构成可持续发展战略。而人在整个发展中则处于实践的主体,在可持续发展中处于中心地位。人的素质是可持续发展的决定因素。随着经济、社会的可持续发展,作为实践主体的人,也必然要求全面、可持续发展。

最后,实现体育的可持续发展性。体育旅游生态系统的发展是体育可持续发展的重要组成部分。体育旅游生态系统的可持续发展需要内外部各种环境要素的协调与配合,主要体现在体育旅游生态系统内外部环境的优化。体育旅游生态环境内部环境主要包括大众体育环境、学校体育环境和竞技体育环境。体育旅游生态系统外部环境包括自然环境、社会环境和规范环境三个部分。自然环境的优化主要表现为协调人与自然的关系;优化社会环境与规范环境主要表现在各种社会关系的日趋合理和整个社会组织的日益完善。随着经济的发展和人们生活水平的提高,体育作为提高人们身心健康的重要手段已被人们普遍接受和认同,"体育大众化"和"体育终身化"是全民体育的长期目标。从根本上讲,体育的可持续发展,有赖于全民体育目的的实现,而这种目标的实现则取决于全民对体育的认识,群众体育、学校体育和终身体育是实现全民体育普及与持续发展的主要途径。中国竞技体育的可持续发展也已成为新时期中国竞技体育必须要研究与解决的重要议题,中国竞技体育实现可持续发展必然与竞技体育资源产生直接联系,而发挥竞技体育资源对竞技体育可持续发展的有效支持作用必须通过有效的资源调控。因此,从资源调控入手研究我国竞技体育的可持续发展就成为一条切实可行的途径。未来中国竞技体育的可持续发展是建立在竞技体育本质基础上的价值选择。满足社会体育需求是竞技体育可持续发展的动力,保持竞技体育内部系统与外部环境的协调发展则是竞技体育可持续发展的重要条件及保证。随着社会发展,更多的公众对竞技体育会更加关注,但会更加理智。人们对竞技体育的非本质特征将会逐渐弱化,将主要从欣赏和娱乐的视角看待竞技体育。人们不再简单地把比赛的胜负和名次与国家的声望、民族的荣誉等硬性地联系在一起。体育旅游产业可持续发展是指体育旅游产业发展要与资源和环境的承载能力相协调,同时产业内部要维持适宜的企业间关系,体育旅游产业和其他产业之间也要相互协调。体育旅游产业需要全社会各个部门的参与推动,其发展成果最终也将落实于全社会所有成员,"强身健体"作为体育事业的发展目标,也要通过居民身体素质与生活质量的提高而实现。

2. 制约我国体育旅游产业发展的主要因素

第一,体育旅游产业缺乏必要的优惠政策。我国体育旅游产业经过几年的发展虽已有一定的规模,但远未成熟,仍需各方面政策扶持才能够从萌芽走向壮大。现实中,一些体育旅游产业经营企业不仅缺乏政策上的扶持,而且一些经营活动中还存在政府有关部门乱收费的现象。甚至有的体育经营性场所每年都需向多个部门缴纳费用,加重了经营者的成本,客观上影响了投资者的积极性。

第二,区域社会发展不平衡。经济体制的改革,带来了人民生活水平的提高,在这一变革中,人们的体育文化观念也在发生着巨大的变革,体育健身娱乐活动逐步成为社会每一个成员的生活需求。社会生活的各个层面,构成了体育市场的重要环境,对体育消费和体育市场的经营活动形成极大的影响力。由于我国经济发展所存在的区域不平衡性,必然导致社会发展的区域性的不平衡,在经济发展不同层次的区域间,产生了对体育市场的认识、体育消费的观念,以及体育消费结构等方面的巨大差异。这种体育市场经营活动的两极分化现象,对我国实现体育旅游产业化、社会化的整体发展目标和体育经济的可持续发展战略十分不利。

第三,政府过多的干预行为。多年来,我国的体育事业在各级政府的大力支持下取得了长足的发展,随着市场经济的发展,体育市场的经营活动必然要遵循市场规律去运作。这就要求有关的行政管理部门必须转变观念,切实做到管办分离,真正做好管理服务,积极引导,为体育市场的发展创造条件。目前政府在推进体育旅游产业良性发展的同时,也带来了一些影响。这表现在,一些大型赛事政府部门仍不愿意放手让社会去办,从而影响了社会办体育的积极性,同时又给体育管理带来了一定的困难。

第四,体育旅游产业人才缺乏。人才因素是体育旅游产业发展中最活跃和关键的因素,人才问题关系到我国体育旅游产业可持续发展的重要问题。人才的缺乏已严重制约了我国体育旅游产业的发展。就体育旅游产业发展而言,当前我国缺三类人才:一是负责体育旅游产业、体育市场规划、监管职能的行政干部;二是高素质的体育企业家和体育经纪人;三是体育营销人才和体育产品研发人才。要有效地解决我国体育旅游产业发展过程中人才缺乏的问题,最根本的就是要确立人才为本的战略思想,从加强体育旅游产业人才资源能力建设、创新和完善体育旅游产业人才工作的体制和机构等方面切实做好体育旅游产业人才的选拔和培养工作。有关部门应该不失时机地加大体育旅游产业的人才培养力度,有力地促进我国体育旅游产业的可持续发展。

第五,体育无形资产开发和利用不够,潜能没有充分发挥。目前我国发展体育旅游产业较注意有形资产的利用,而对体育无形资产的开发和利用不够,如对各赛事和活动的会徽、会标、冠名权及指定产品,各协会、俱乐部自身标志、队名价值等重视和开发不够。体育旅游产业的资产很大一部分表现为以上形态的无形资产,如英国以生产体育最终消费品为主的世界级大公司(如曼联集团),利用足球运动的影响力提升自己产品及公司知名度,使足球产业成为英国最大的体育旅游产业之一。

3. 我国体育旅游产业可持续发展的对策

第一,促进体育旅游产业的市场化发展。发展体育市场,首先要营造良好的人文环境,人们对体育意识即观念、思维方式和行为方式,要有充分的认识。应弘扬体育品格和体育精神,全面提高社会公众的体育素质,发扬更快、更高、更强、更团结的奥运精神,与时俱进地发展体育事业,以现代的市场观制定和实施体育市场的规划。将体育资源的相关行业整合,打造特色的体育品牌,通过实施品牌战略,建设体育旅游产业市场,繁荣体育经济。完善体育经济体制,推进体育市场对外开放,合理配置资源,促进体育商品和各种要素在更大范围内自由流动和竞争。我国体育市场的优势和劣势随着市场资源的合理配置日益凸显,因此,要努力开发体育市场,提高服务质量和水平,增强体育市场发展的动力和后劲。

第二,促进我国体育旅游产业结构合理调整。体育旅游产业结构的合理调整,有利于加大体育旅游产业国际化步伐,充分发挥比较优势,进行专业化、规模化的整合,从整体上提升体育旅游产业的竞争力。要优先发展体育信息技术和体育高新技术。发展体育制造业是体育旅游产业化的基础,没有体育制造业的发展,就无法为体育信息化和高新技术发展奠定产业基础。而发展信息技术、高新技术又能带动体育旅游产业化,形成信息化与体育旅游产业化互动,促进体育旅游产业的更大发展。因此,以信息技术和高新技术为依据,以体育制造业为支撑的新型体育旅游产业化结构,将推进我国体育旅游产业的可持续发展。根据体育旅游产业空间分布特点,推行差别化的区域调控政策,通过不断优化和合理配置各个区域空间的优势资源,逐步形成区域产业互动、互利、互补发展的新格局。东部地区可以力行推动环渤海湾、长三角和珠三角地区的体育旅游产业向着集约化、国际化、一体化的方向发展,优先将区域城市增长极打造成为国家级体育旅游产业基地,充分利用其丰富的体育资源和雄厚的经济和科技实力,大力拓展体育消费市场潜力,解决其有效供给不足的问题,使体育旅游产业发展成为本地区国民经济的主导产业;针对经济相对落后的中西部地区,扶持和改善体育旅游产业发展的基础设施条件,因地制宜、扬长避短,大力开发具有特色的体育资源,如利用当地独特的自然景观和民族民间体育文化资源发展体育旅游,发展具有区域特色的体育旅游产业,探索中小城市体育发展模式,激发有效的体育消费需求,争取使体育旅游产业在本地区经济发展中起到重要作用。

第三,促进我国体育旅游产业政策的完善。目前,我国体育旅游产业还存在产权关系不明、资产管理不顺、市场发育不全、管理不善等诸多问题。我国体育的产业化水平较为落后,与我国体育在国际上的地位极不相符。为加快体育旅游产业的发展,政府要引导体育旅游产业发展,扩大体育经费来源,在税收政策上予以倾斜。加快完善体育旅游产业政策,对体育旅游产业的发展提供政策支持。政府部门除了制定体育旅游产业的宏观经济政策外,还应保障体育旅游产业规范化经营,促进体育旅游产业与国际接轨。近几年来,体育行政部门在完善体育旅游产业政策方面做了许多工作,并取得了初步发展,但目前我国体育旅游产业中的许多方面仍因缺乏长期稳定的政策扶持,发展受到限制和制约,这对体育旅游产业的长远发展极为不利。因此,我们要积极协调有关部门及时建立和完善一套包括政府财政投入、产业项目基本建设投资、社会集资、税收、体育彩票和体育基金方面的完整、系统的体育旅游产业政策,形成全方位、多层次的政策体系,促进我国体育旅游产业政策更加完善、更加规范化、更加国际化,为体育旅游产业的发展创造良好的环境和较好的物质基础。

第四,促进我国体育旅游产业的法治建设。加强体育旅游产业市场的法治建设。政府应认真研究现有体育旅游产业法律法规,逐步调整完善体育市场的法律法规体系,力求对体育旅游产业起到良好的监督和保护作用,推动体育旅游产业沿着法治化轨道健康发展。加强体育旅游产业的法治化、规范化发展,用法律保障体育旅游产业经济的健康稳定,使我国体育旅游产业能适应市场经济的发展要求。根据体育旅游产业市场发展的现状,当务之急是加快高层次的立法。目前我国体育市场管理的法治建设较为缓慢,应该及早出台全国性的体育市场管理条例,明确管理部门的职能、管理范围、管理权限,界定进入市场的专业技术条件、资格及审批程序,规定各类市场主体的法律地位、权利和义务,规范体育市场的主体，维护市场秩序，加强对体育市场的管理、监督和调控。建立体育市场服务标准是体育市场依法管理的前提，行业标准的作用是为市场的主体提供规范尺度，为消费者提供消费选择的依据，因此，要依法设立行业服务标准，建立公平、公正、公开的市场经营秩序，使市场主体在公平的市场环境中展开竞争。健全相关的配套法规，形成体育市场运行的规则，使体育市场的发展有法可依。实现体育市场管理科学化、规范化、法治化和国际化。

  针对上述问题，我国应加快体育社会化、产业化的进程，大力推进体育管理体制改革，整合体育资源，实现体育企业的资产重组，加强体育旅游产业与资本市场的互动，拓宽体育企业的融资渠道。加快体育旅游产业的规模化、国际化发展，把我国体育事业培养成为全国经济新的增长点。学习和借鉴国外先进的市场运作技巧，有助于提高我国体育事业的整体商业化运作水平和市场规范化程度，加快体育旅游产业的发展。

  我国社会主义市场经济体制的不断完善和产业结构的调整，为体育旅游产业的发展提供了良好的外部环境，通过调整行业布局，优化资源配置，加速使我国体育旅游产业的增长转移到依靠本体产业的轨道上；通过建立现代企业制度，加快对中小企业的改造，转变经营机制，提高企业的整体效益。我们认为，通过政府的大力扶持和企业的不断努力，面对国内巨大的体育旅游产业市场，中国体育旅游产业将会得到更大的发展。

第十章 乡村户外体育旅游发展对策与保障

第一节 乡村户外体育旅游发展的对策

体育旅游业是一项高经济、高文化、高科技、高体能、高艺术、高社会性、高生态性、高综合性、高启动性，同时也是高敏感性、高复杂性的休闲型产业和文明事业。体育旅游的这些基本特征，决定了乡村地区在发展体育旅游业时，必须树立正确的态度、科学的观念、发展与保护并重的意识，使我国乡村地区旅游业走上一条"发展促保护、保护促发展"的良性循环、可持续发展之路。

一、确立乡村户外体育旅游的战略地位

我国乡村户外旅游业的发展已引起人们的高度重视，也是政府重点扶持发展的特色产业之一。然而作为具有重大发展潜力的体育旅游产业，却较少为国内专家学者所关注，这方面的探索和论述也很少。这可能与乡村地区长期以来体育产业发展滞后，人们对体育旅游可以创造巨大社会经济效益的认识不足有关。然而通过对乡村地区体育旅游资源的分析和重新审视，特别是根据现代旅游发展中市场需求趋势的预测以及产业结构调整的方向，在当前旅游业作为乡村地区第三产业发展龙头的前提下，完全可以把体育旅游产业作为乡村地区旅游产业的优势行业进行发展，甚至在某些地区可以作为旅游业的先导行业。而对于乡村地区体育产业的开发，更要把它作为一个重点领域来抓。因此，乡村地区的有关部门必须转变观念，充分认识发展乡村户外体育旅游产业的有利条件和广泛的社会经济效益，把乡村户外体育旅游产业的发展与实现当地经济增长和社会可持续发展结合起来，从而确立乡村户外体育旅游产业发展的战略地位。

二、有效保护乡村户外体育旅游资源

乡村地区应集中人力、物力、财力全面搜集、摄录、整理体育旅游资源，准确、完整地反映体育旅游资源的原貌，编制体育旅游资源调查评价报告和编制体育旅游资源名目，并从中深化对比较优势、潜在优势、后续优势和综合重组优势的认识，制定高起点的保护与开发方案。在深化对体育休闲资源优势再认识的过

程中,把保护作为开发的前提和基础,提高保护意识,制定保护政策、法规,强化保护措施,加大保护投入,切实加强体育旅游资源保护力度。具体举措有以下几点:一是制定体育旅游自然生态环境保护条例,把体育旅游开发与生态环境保护有机结合起来,营造人与自然融合的环境;二是制定乡村户外体育文化保护条例。通过条例建立乡村户外体育文化保护区、乡村户外体育文化基地,保护其独具特色的体育运动、体育服饰、体育工艺等。健全乡村户外体育文化传承的激励机制,强化对乡村户外体育文化挖掘、整理和保护的各项措施。建立自上而下的乡村户外体育文化保护教育体系。充分依托现有的教育网络体系,将乡村户外体育文化教育纳入乡村地区素质教育内容,让乡村户外体育文化走进课堂,各级学校应根据不同的职能担负不同层面的传承任务。

三、充分发挥乡村户外体育旅游资源优势

任何一个行业发展都离不开技术进步这个要素。乡村地区体育旅游业实现产业市场化的关键举措之一,就是要充分利用现代技术进行体育旅游产品创新。乡村地区体育旅游业从整体上看,无论是产业规模、经济效益、资源开发利用程度,还是产业竞争力和产品竞争力方面都与城市地区存在着明显差距,形成这种差距的原因除了经济发展水平、体制和地区区位等因素外,体育旅游产品创新的落后也是一个重要的因素。

目前乡村地区体育旅游产品创新除需进行跨地区的区域性产品创新外,还必须走一条适宜技术开发适宜产品的创新之路。乡村地区体育旅游资源的特质决定了不宜在某些产品项目上盲目追求高新技术,或单纯从技术角度强调技术进步,而应该在技术进步方面注重适宜技术,使现代技术在与体育旅游资源的开发结合能符合乡村地区体育旅游资源的特质,保证资源本身的原生性。例如,在自然风景区进行登山运动就可能会对某些环境和景观造成破坏,这就需运用现代的测量技术以选择适宜的路线。当然,乡村地区现有体育旅游资源开发和体育旅游产品中,确实存在着产品科技含量不高、参与性不强,以传统观光产品为主,休闲度假和特色产品不足的问题,这将成为制约乡村地区体育旅游业进一步发展和产业市场化的瓶颈。因此,现代科技在某些旅游产品中的结合和运用是非常必要的,如需要在新兴体育旅游主题公园的建设、体育旅行社信息网络管理等方面,就需要现代高科技的大规模投入,才能形成产品竞争基础。而大自然鬼斧神工的体育旅游自然景观更宜保存它原生的魅力和震撼力,以展现原生态的景观效果。

在认真分析乡村地区体育旅游产品技术与资源创新的现状后,我们发现,单纯依靠提供常规产品和游客量超常规增长来发展体育旅游将会越来越困难。而

在游客量转为低速增长的条件下,通过特质资源加适宜技术孵化特制产品并形成产品特色,实现由粗放型追求旅游人数高速增长向集约型追求旅游人数常规增长,用富于独特性的创新产品去增加旅游者在乡村地区的停留时间和单客平均消费的转换,发展"深度体育旅游",是实现体育旅游产业市场化的道路之一。

四、推动乡村户外体育产业化进程

随着我国经济的快速发展和人民生活水平、生活质量的提高,体育旅游业在我国获得了快速发展,被认为是新世纪最有发展前途的黄金产业,潜力巨大。其产业的开放性和竞争性使各行业在利润日益平均化的时候,进军体育旅游业成为实现经营多角化和多元化的上乘选择,这说明体育旅游产业的供给市场空间容量巨大。

然而,市场空间的推动和扩大并不完全由供给市场来决定。体育旅游需求的动向、内容、数量、层次等在一定意义上成为了真正决定市场空间容量的重要因素。随着人们生活观念的变化,崇尚健康、向往自然已成为体育旅游发展的动力,乡村地区体育旅游需求空间正处于上升阶段。随着全球一体化的发展,我国已逐渐与国际乡村户外体育旅游市场接轨,在体育旅游产业化方面出现了几个特点:一是乡村户外体育旅游市场的不确定性加大。传统观念认为乡村户外体育旅游市场是可把握的,企业只要上规模,就能占领市场。实际上,供小于求的时候,乡村户外体育旅游市场是可以把握,但供大于求的情况下乡村户外体育旅游市场就难以把握了。尤其是现代体育旅游,人们的需求是多方面的,而且是多变的,乡村户外体育旅游市场的不确定性变得越来越大,影响乡村户外体育旅游市场的因素呈几何级数扩大,很难全面把握国内国际市场。二是体育旅游竞争难度加大,乡村户外体育旅游市场竞争对手越来越强,受软硬件条件限制,乡村体育旅游业发展相对滞后,目前仍属弱质产业,处于培育阶段,要走产业之路举步维艰,市场竞争难度更大。三是乡村户外体育旅游市场体系尚待健全。乡村户外体育旅游市场是有体系的,一项体育旅游新产品生产出来,如何到达旅游者手里,有着一套运作体系,必须熟悉操作运用这套体系。

五、强化体育旅游项目与旅游业发展的关联

首先,将体育旅游的项目配置、各景区经营活动置于乡村地区旅游区域及要素的设计当中。把体育旅游纳入乡村地区旅游规划的整体布局,一可根据各景区开发目标及建设需求,引导规范体育旅游的项目建设及活动选址;二可依托乡村地区现有旅游线路的营销系统发布各路景区体育旅游项目发展及配套活动的信息,促成乡村地区体育旅游整体包装、强势促销。

其次,注重乡村地区各旅游景区开发建设的综合性功能,以体育项目提高同一景区资源的开发利用率。面对各旅游景区文化的、生态的、科考的、体育的多种资源,各地旅游主管部门及企业在景区建设中应特别注意资源的共生性,任何单一的开发目标,如仅以生态观光、文化感悟、度假休闲作为景区旅游的发展导向,必然导致旅游地多种资源的浪费及配套服务功能的缺失。而体育旅游活动的配置建设,恰恰是充实景区旅游项目的构架和内容,促成同一景区资源的共享格局及市场聚合力的重要举措。

六、完善乡村户外体育旅游配套服务

体育旅游是一项特殊产品,一些体育旅游项目对基础设施的完善程度要求较高,既需要现代化的体育竞赛设施和民族传统体育运动设施,承办各类体育竞赛与表演来增加体育旅游的客源,也需要完善餐饮、住宿、交通、购物等各项辅助设施的建设,加强体育旅游的专项基础设施配备。体育旅游者终身体育观的树立,使体育旅游过程中的体育需要和体育行为增强。他们在旅游过程中不仅需要愉悦身心,更渴望强身健体并获得更多强身健体的手段。因此,游客希望体育旅游目的地能够把体育健身方式、健身方法以运动处方等形式传授给他们,达到寓教于旅、健身于游的目的。这就需要一些生理机能评价、医疗康复诊断及娱乐放松等专门设施的建设,更需要懂体育、善健身、精旅游的复合型体育旅游人才的培养,使乡村地区体育旅游得以真正发挥其优势。

七、树品牌建网络,升级体育旅游产业

美国市场营销协会对品牌做了如下定义:品牌是一个名称、术语、标记、符号或设计,或是它们的组合,其目的是识别某个销售者或某群销售者的产品或服务,并使之同竞争对手的产品和服务区别开来。著名营销学教授菲利普·科特勒认为,品牌在本质上代表着卖者向买者提供的产品特征、利益和服务的一贯性承诺,最好的品牌传达了质量的保证。

品牌是竞争优势的根本和富有价值的战略财富。尽管国内外很多体育旅游企业已经逐渐步入品牌化阶段,但体育旅游资源极其丰富的乡村地区,品牌化才刚刚起步或尚处于启蒙阶段。伴随着激烈的市场竞争,企业的运作方式将逐步市场化,乡村户外体育旅游市场也已进入买方市场,消费者的消费意识、品位正逐步建立和提高,建立品牌对体育旅游企业开拓市场、树立形象、提高综合效益、拉动产业升级有极为重要的作用。

21世纪是网络时代,体育旅游业从传统的资源竞争、客源竞争转化为知识竞争、技术竞争和信息竞争。体育旅游业的发展,要走以信息化为基础、充分发

掘旅游资源内涵的道路,树立品牌。在强化传统手段进行营销的同时,还需利用网络化进行营销,以拉动整个体育旅游产业升级。

在传统的乡村户外体育旅游市场上,由于信息的不对称,游客很难准确地直接了解到有关体育旅游地的各种信息,企业营销的方式也是通过广告、公关和人员推销等手段将信息传送给消费者以促成交易,这种方式不利于游客作出准确的选择,有些信息给游客带来了很大的误导。随着体育旅游业的不断发展和日益复杂化,体育旅游信息日益丰富和复杂,传统的信息传播方式难以满足游客日益多变的复杂旅游需求。网络营销以互联网络为载体,成为了新兴的乡村户外体育旅游市场营销的重要方式。目前,许多旅游企业已经成功地利用了互联网技术直接上网经营运作,开展体育旅游直销业务。内容包括网上预定、信息发布、咨询服务、信息反馈、产品超市、网上交易、电子商务结算等,为现代体育旅游企业转变经营方式、降低成本、提高质量、拓展市场、提高竞争实力提供了保障。

树品牌与建网络相互结合是乡村地区体育旅游产业升级的路径选择之一。第一,乡村地区把自己的体育旅游产品特色、服务优势、企业形象、文化底蕴等信息推向开放式网络,可有助于消费者主动参与营销,从而扩展更广阔的潜在市场空间。第二,通过网络塑造企业品牌和产品品牌可缩短与市场的距离,获得市场的认同,加强乡村地区体育旅游后发实力。第三,借助网络重新定位市场目标。进入网络时代,体育旅游企业面对的是一个更广阔、更具选择性的潜在市场,对市场的重新细分和定位极为重要,乡村地区可依据变化了的市场状况,借机作出强调和选择。第四,借助网络进行电子商务可实现营销结算及支付的自动化,可提高企业的工作效率和效益,提高竞争力。

乡村地区体育旅游产业升级是我国体育旅游产业向纵深发展的有机构成,也是乡村地区实现体育旅游经济可持续发展的必经之路。乡村地区要抓住开发机遇,以体育旅游产业市场化为突破口,应对市场挑战,探求一条整体市场运作、适度超前、立体跨越的体育旅游发展之路。

八、加强政府的宏观调控作用

体育旅游的发展不仅要考虑经济因素,更要考虑环境影响和人文因素。体育旅游发展目标的实现,不仅需要旅游目的地广大群众和团体的支持和参与,而且需要游客的广泛配合、支持。在制定乡村地区体育旅游发展目标的时候不仅要考虑到旅游者的需求和利益,还要考虑到目的地群众的长远需求和利益,否则,就谈不上乡村地区体育旅游的可持续发展。

一般说来,体育旅游发展目标和行动方案,必须依靠区域内群众及社会团体最大限度的认同支持和参与。如果没有区域内群众和团体的广泛参与,体育旅游发展就很难得到他们的理解、认同和支持,体育旅游的发展目标和行动就很难得到实现,至少很难顺利实现。现行的体育旅游开发较少引入与当地群众共同商讨的机制,实质上也就没有将当地群众的利益统筹纳入规划设计中。从一定程度上说,投资者都希望在体育旅游开发的较短时期中就能获取较大的经济效益,因此在不少体育旅游开发过程中对资源常常进行的是掠夺性开发,不会太注意考虑开发和保护之间的关系,客观上就使旅游目的地的长远利益受到损失。为此,在作体育旅游规划时,除了请专家学者们参与论证外,一定要请当地的群众代表参与发表意见,规划初稿一定要让当地群众充分了解和发表意见。

此外,体育旅游的发展,单靠市场的调节是不行的,需要通过各种法律、法规、政策等的引导和规范。因为在市场经济条件下,获取最大利润是体育旅游经营者的最大目标,他们容易忽略体育旅游环境的污染和生态的破坏;而当地群众也常常只注重短期的可见的经济利益,忽视当地的长远利益;旅游者在短暂的停留中,很难为目的地的自然环境以及社会环境的保护做太多的考虑,相反,作为消费者,他们关注的是用最小的支出换取更多的消费。换言之,在体育旅游业可持续发展目标的实现上市场具有盲目性。因此,我们认为,应当在体育旅游业的开发中充分发挥政府的职能和作用。通过政府的介入,调和体育旅游经营者、游客以及目的地群众这三个不同利益群体的关系,使三者的互动更为有效和谐,以达到在促进体育旅游业可持续发展的同时,实现目的地社会经济的可持续发展。

第二节 乡村户外体育旅游发展的保障措施

一、加强乡村户外体育旅游发展的宏观管理

(一)加大区域体育旅游发展的宏观协调力度

发展与管理涉及方方面面,有赖于多部门的支持和协调。为强化乡村地区体育旅游业的宏观管理,国家与各省(区)市旅游有关部门,应就乡村地区体育旅游业发展过程中不断出现的一些重大问题进行跨部门、跨省区的协调,包括消除体育旅游资源开发中的体制障碍,加大跨省区体育旅游产品经营、区域体育旅游交通组织协调以及推动体育旅游企业或外资企业跨省区兼并、合资,组建大型体育旅游企业集团等。各省(区)市政府也要重视发挥组织协调作用,建立健全体育旅游产业发展的指导和协调机构,调动各方面的积极性,形成政府机构上下联动,社会广泛支持体育旅游业发展的宏观环境。

(二)建立完整的乡村户外体育旅游规划体系

乡村户外体育旅游规划与设计是事关乡村体育旅游业长远发展的重要基础性工作,是完善乡村体育旅游产业结构、产品结构和地区结构的决定性因素。要在乡村地区体育旅游区和各省区市体育旅游规划的基础上,进一步编制好乡村体育旅游重点区域和体育旅游产品的规划设计。

要着力提高乡村体育旅游规划的严肃性和权威性,提高项目策划水平。体育旅游规划一旦经过评审、批准,将具有法律效力,不得随意改动。把体育旅游规划组织好、实施好,是地方政府和旅游管理部门的责任和义务。

(三)提高乡村体育旅游项目论证与管理水平

乡村地区正处于体育旅游业大发展的前期。鉴于体育旅游投资的特殊作用,加强对乡村体育旅游的投资管理,对乡村地区体育旅游业的长远发展具有重要意义。为此,首先要切实提高论证水平,确保可行性研究报告的深度;其次是严格项目的审批,凡体育旅游建设项目,均需先征求同级旅游管理部门同意后,再报计划部门审批。还要加强对社会资金的引导,不能为引进资金而疏于管理,更不能由投资者随意兴建。尤其要防止同类项目在区域范围内的重复建设。坚决杜绝边设计、边施工、边修改的"三边"工程。论证要深,管理要严,手段要硬,这是切实提高体育旅游投资的管理水平的关键。

二、优化乡村户外体育旅游投资宏观环境

(一)健全乡村体育旅游投资引导机制

首先,政府部门应加快职能转变,使乡村体育旅游投资引导机制从直接的投资管理向间接的宏观指导和引导发展。一是应制定统一的体育旅游投资规划,成立体育旅游项目资金库,确立优先发展项目,保证重点项目的优先发展。二是建立适应市场经济特点的投资引导机制,采用协调、引导规划和其他间接性政策工具等手段,引导社会资金流向合理区域、合理项目,避免社会资金的过于集中或分散。三要发挥政府的监管职能,对乡村体育旅游企业和体育旅游开发公司的投资行为进行监督管理。为避免有些企业一味地追求利润最大化的浅层次行为,政府可以通过制定相关政策鼓励其考虑社会效益、生态效益,促进乡村体育旅游资源的有序开发利用,实现体育旅游的可持续发展。其次,构建体育旅游投资项目信息平台。旅游管理部门要定期规范地发布体育旅游投资信息,及时掌握乡村体育旅游项目的资金需求和投资前景,比较选择优秀项目,提高乡村体育

旅游项目的针对性和合理性,规避和降低投资风险,有效地将资金市场供给和需求对接起来。

(二)调整乡村户外体育旅游投资结构

通过有效的引导和管理,促进旅游投资地区间和旅游产业结构间的平衡。投资引导方向应从一般旅游项目向体育旅游项目扩展,从城市地区体育旅游热点城市向乡村体育旅游资源丰富的地区扩展;从体育旅游硬件设施的投资向体育旅游软件投资扩展;从观光性体育旅游产品向观光性与参与性相结合的体育旅游产品扩展。

(三)拓宽乡村户外体育旅游融资渠道

首先,建立委托招商中介机构。变政府主导型的招商引资为市场主导型的招商引资,由专业化的中介组织运作相应的商业化事务,把政府部门从具体繁杂的经济事务中解脱出来,实现由"管理型"到"服务型"的根本转变。其次,建立体育旅游产业发展基金。可由政府旅游主管部门出面,筹建体育旅游发展基金。这是解决体育旅游发展基金的可行办法。基金的来源可以有两个方面:一是将各级政府财政拨款以"拨改贷"的形式纳入基金,并采取有偿使用、流动发展的办法;二是民间、海外资金,通过公助民营的方式进行运作。最后,充分利用资本市场。体育旅游企业进入资本市场是必然的趋势,也是提升体育旅游企业发展质量,提高体育旅游企业市场竞争力的重要举措,为此要积极支持符合条件的体育旅游企业通过上市发行股票等方式进入资本市场融资。同时鼓励民营、集体、外资等其他经济成分参与体育旅游业发展,以此尽快建立适应体育旅游产业发展的投资体系和规范化的企业融资机制。通过股票上市、项目融资、资产重组、联合投资、发行债券等多种形式获得体育旅游发展资金。

(四)促进体育旅游投资外部环境的综合改善

首先,观念要创新。树立符合时代特征和市场潮流的体育旅游资源观、产业观和发展观,把观念创新付诸规划和发展的具体行动中,形成思路出规划、规划出项目、项目出资金、资金促建设、建设出效益、效益促发展、发展出思路的良性循环格局。采取各种投资促进手段,如规范体育乡村户外体育旅游市场,广开投融资渠道等促进体育旅游投资环境的综合改善。其次,完善相关政策和法律法规。政府应协调相关部门在旅游项目审批、税收、土地等相关方面制定优惠的政策,推动制定鼓励体育旅游投资的产业政策;协调投资政策,规范投资机制,从宏观上保证资金的合理利用。通过税率等经济杠杆和一系列优惠政策促使内、外资流向体育旅游产业,引导资金进入西部内陆腹地。政府旅游管理部门及相关部门应建立健全体育旅游投资的法律法规,以立法手段避免投资中的非理性化行为和短期行为。

三、建立有利于乡村体育旅游发展的创新体制

(一)增加乡村体育旅游企业的市场竞争力

针对乡村地区体育旅游企业规模小、市场竞争力普遍比较弱的问题,迫切需要采取有效措施推动体育旅游企业的改革步伐。为此,可采用以下几个方面的措施:第一,按照现代企业制度的要求,推动国有体育旅游企业的改制重组,组建体育旅游企业集团,并建立规范化的国有资产监督机制和责任制度,增强其市场竞争力;第二,积极创造条件,包括鼓励城镇优秀旅游企业通过合资合作、股份合作或兼并等方式参与组建综合性体育旅游集团、体育旅行社集团等专业集团,发挥管理优势和品牌优势,逐步实现区域性的网络化规模经营;第三,采取多种形式推动中小体育旅游企业改革,鼓励多种经济成分参与体育旅游业的发展,积极扶持中小旅游企业向经营专业化、市场专业化的方向发展。

(二)加快乡村体育旅游开发管理体制创新

推进体育旅游景区管理和经营体制改革,继续探索按照政企分开,事企分开,所有权与经营权、管理权分离的途径,推进体育旅游景区开发管理的体制改革。在符合国家有关政策法规、有利于加强自然和人文资源保护的前提下,根据体育旅游景区的特点,采取合资、独资、合作、租赁、承包和出让开发权等方式,吸引投资、搞活经营。

比照高新科技开发区,建立体育旅游经济开发区。在资源价值高、规模大、适宜成片开发的景区,设立体育旅游经济开发区,行使特定的管理权限,区内的用地、建设、规划、体育旅游资源的开发、利用等,统一由管委会报上级政府批准后由管委会组织实施。这既可以彻底打破条块分割、多头管理的旧体制,又可以使区内的各项资源得到高效、优化配置,形成规模效益。

(三)建立规范的乡村户外体育旅游市场运作规则

公平的市场竞争环境是开放引资、规范发展乡村地区体育旅游业的重要保障。由于乡村地区体育旅游发展时间不长,观念相对落后,目前乡村户外体育旅游市场分割与地方保护问题比较突出。为此,可以从以下几个方面规范运作:第一,应尽快出台乡村地区体育旅游相关的管理法规,并加大地方的联合执法、监

督力度;第二,注意协调地方利益与外来企业的关系,保障外来企业公平的竞争环境和合理利益;第三,重视对体育旅游统一市场的建立,在消除地域障碍的同时,要着力培育体育旅游客源市场、体育旅游产业供给市场和体育旅游要素市场(包括资金市场、技术市场、人才市场和信息市场)。

四、加强体育旅游人才培养与学科建设

建立高素质的体育旅游从业人员队伍,是保障体育旅游业长远发展的关键因素。针对目前乡村地区体育旅游人才短缺、从业人员素质参差不齐的状况,应充分利用高校的人才培训资源,整合组建多种形式的体育旅游人才培训基地与培训网络。

首先,加快体育旅游中高级人才的培养。引导和支持大中专院校开设体育旅游行业发展方面急需的专业知识课程,促进乡村地区体育旅游业在育人和用人方面全面接轨,培养新型的中高级专门人才。

其次,加强对体育旅游企业员工的培训。通过对企业员工的培训,促使每一个体育旅游项目开发后就培养出一批懂管理、善经营、能提供优质服务的人才队伍。

最后,组织体育旅游科研队伍,促进体育旅游学科的建立。要对体育旅游科学系统进行梳理,明确学科的方向,建立对应的科研机构,解决重大的体育旅游难题,为高层的决策提供咨询服务,为体育旅游的大发展提供可靠的保障。

五、加强乡村户外体育旅游的安全管理

户外体育旅游是一种紧张、刺激、参与性较强的休闲活动,对安全性要求较高。在成熟的乡村户外体育旅游市场,从业人员、基础设施基本齐备,相关管理条例较为全面,能够对安全起到很好的保障作用。一些颇受体育旅游者欢迎的、对安全要求较高的参与型、探险型等特殊体育旅游项目(如蹦极、漂流、空中运动、冰雪运动等)迅速兴起,但由于目前管理法规、经营措施的相对滞后和部分地方与企业的急功近利,导致一些新兴体育旅游项目尚未及时纳入安全管理范畴,体育旅游事故时有发生。户外体育旅游安全已成为影响人们参与体育旅游的主要因素之一。为此,必须对户外体育旅游的基础设施进行安全检查,提出相应标准,保证户外体育旅游的参与工具的安全,对户外体育旅游从业人员的职业技能建立相应的资格认证办法,特别是对登山运动中的高山向导、教练,漂流运动中的操舟手应配套设计相应的上岗制度,对蹦极、跳伞、滑翔、溜索、冰雪运动的技术装备设计对应检测制度。因此,旅游管理部门可以以现有特种旅游导游资格认证体系为标准,对户外运动指导员及协作人员的上岗制度作一规范建制,对景

区户外体育旅游项目经营实体安全保障及应急措施,制定相应的检查督办条例。以此为导向,一可强化户外体育旅游的配套服务及保障体系,二可以规范明确的风险责任认定条例。以此确保旅游者在户外体育旅游过程中的人身安全,避免体育旅游事故的发生。

参 考 文 献

[1] 《中国休闲农业与乡村旅游指南》编委会.中国美丽乡村:中国休闲农业与乡村旅游指南[M].北京:中国言实出版社,2013.

[2] 鲍明晓.贯彻落实国务院加快发展体育产业意见 加快发展我国体育旅游业[J].体育文化导刊,2015(3):109-111.

[3] 北京市旅游业培训考试中心.乡村旅游发展基本原理[M].北京:旅游教育出版社,2013.

[4] 蔡碧凡,夏盛民,俞益武.乡村旅游开发与管理[M].北京:中国林业出版社,2007.

[5] 陈鸿.休闲体育旅游品牌研究综述[J].内蒙古体育科技,2010(1):124-125.

[6] 陈秋华,纪金雄.乡村旅游规划理论与实践[M].北京:中国旅游出版社,2014.

[7] 陈瑞萍.产业融合视角下创意农业与乡村休闲旅游的联动发展[J].吉林广播电视大学学报,2016(11):75-76.

[8] 陈同先,谢忠萍.体育旅游市场开发的功效探析[J].体育与科学,2012(2):90-92.

[9] 陈毅清,张俊香.体育旅游风险认知理论研究[J].宿州学院学报,2012(2):87-91.

[10] 崔凤军.休闲旅游业:绿水青山与金山银山之间的重要转换器[J].旅游学刊,2020(10):1-3.

[11] 戴伟明.全域旅游视角的大都市近郊文化休闲旅游目的地开发模式研究[D].桂林:广西师范大学,2016.

[12] 邓凤莲.中国体育旅游人文资源评价指标体系与评价量表研制[J].北京体育大学学报,2014(1):58-63.

[13] 董军龙.发展休闲旅游农业加快新农村建设[J].现代农村科技,2017(1):93-94.

[14] 董晓青.体育休闲旅游产业开发模式及优化策略:以中原地区为例[J].中外企业家,2016(6):21-22.

[15] 杜蔚昀.创意休闲旅游产品开发研究[D].厦门:集美大学,2015.

[16] 方洪.我国体育旅游分类及可持续发展对策研究[J].赤峰学院学报(自然版),2012(16):117-119.

[17] 房士林.当代乡村旅游事业的现状与展望[M].镇江:江苏大学出版社,2013.

[18] 高洪涛.新乡乡村休闲旅游开发的策略探讨[J].河南机电高等专科学校学报,2015(5):33-36.

[19] 高舜礼.中国乡村旅游现状与发展新思路[M].北京:社会科学文献出版社,2008.

[20] 耿红莉.休闲农业与乡村旅游发展理论和实务[M].北京:中国建筑工业出版社,2015.

[21] 龚勋.现代乡村旅游开发及营销策略[M].成都:西南财经大学出版社,2013.

[22] 郭红卫.我国体育旅游发展的现状、趋势和对策[J].体育时空,2017(15):32-36.

[23] 郭华.乡村旅游社区利益相关者研究:基于制度变迁的视角[M].广州:暨南大学出版社,2010.

[24] 郭焕成.都市农业与乡村旅游发展研究[M].北京:中国矿业大学出版社,2010.

[25] 郭焕成.乡村旅游与新农村建设[M].北京:中国矿业大学出版社,2008.

[26] 郭凌,杨启智.乡村旅游开发与乡村文化变迁[M].成都:西南财经大学出版社,2014.

[27] 郭沙.旅游功能区规划视域下的农村休闲旅游目的地的空间管理研究[J].农业经济,2016(4):39-41.

[28] 何景明.乡村旅游发展及其影响研究[M].北京:知识产权出版社,2013.

[29] 何丽芳.乡村旅游与传统文化[M].北京:地震出版社,2006.

[30] 和立新,张和.我国体育赛事举办城市促进体育旅游服务质量影响因素分析[J].北京体育大学学报,2014(6):16-20.

[31] 胡晓琴.生态伦理建设视域下的农村休闲旅游发展模式与管理策略[J].农业经济,2017(8):128-130.

[32] 黄凯.休闲农业与乡村旅游[M].北京:中国财富出版社,2016.

[33] 蒋满元.基于区域扶贫开发视野的乡村旅游可持续发展问题研究[M].长沙:中南大学出版社,2016.

[34] 金颖若,周玲强.东西部比较视野下的乡村旅游发展研究[M].北京:中

国社会科学出版社,2011.

[35] 雷晚蓉.乡村旅游资源开发利用研究[M].长沙:湖南大学出版社,2012.

[36] 李海平,张安民.乡村旅游服务与管理[M].杭州:浙江大学出版社,2011.

[37] 李华敏.乡村旅游行为意向形成机制研究[M].北京:中国社会科学出版社,2009.

[38] 李庆雷.慢旅游视野下的休闲旅游目的地建设[J].邵阳学院学报:社会科学版,2014(1):57-62.

[39] 廖春海.我国低碳体育旅游发展的走向[J].体育学刊,2011(4):53-56.

[40] 林光旭,唐建兵.乡村旅游项目创意策划与实践[M].成都:电子科技大学出版社,2011.

[41] 刘沛林.乡村旅游发展规划[M].北京:华龄出版社,2006.

[42] 刘伟杰,李艳翎.休闲时代下我国体育旅游业发展趋势探寻[J].文体用品与科技,2015(8):20.

[43] 刘玺.面向体验经济的休闲旅游需求开发与营销创新[J].现代营销(下旬刊),2015(12):90.

[44] 刘晓明.产业融合视域下我国体育旅游产业的发展研究[J].经济地理,2014(2):90-92.

[45] 骆高远.观光农业与乡村旅游[M].杭州:浙江大学出版,2009.

[46] 吕又车."生态文明"下的乡村旅游建设[M].沈阳:辽宁美术出版社,2012.

[47] 马巧慧,郑晓庆.城镇化建设中乡村休闲旅游发展的路径选择[J].中国集体经济,2015(10):111-112.

[48] 马向文,郭戈,苏振男.我国体育旅游产业可持续发展的政府扶持政策探讨[J].体育与科学,2011(2):69-73.

[49] 宁泽群.农业产业转型与乡村旅游发展:一个乡村案例的剖析[M].北京:旅游教育出版社,2014.

[50] 欧阳驹.旅游企业O2O商业模式研究:以休闲旅游为例[J].旅游纵览(下半月),2016(2):20-21.

[51] 潘顺安.中国乡村旅游驱动机制与开发模式研究[M].北京:经济科学出版社,2009.

[52] 沈和江.区域乡村旅游发展表现形态研究[M].徐州:中国矿业大学出版社,2009.